WiLL花田編集長守護霊による「守護霊とは何か」講義

大川隆法
Ryuho Okawa

本霊言は、2013年9月18日（写真上・下）、幸福の科学総合本部にて、
質問者との対話形式で公開収録された。

まえがき

何とも珍しい題の本ができてしまった。

「守護霊の霊言だけはかんべんしてほしい」という人の守護霊に、「守護霊とは何か」を講義させようとする、宗教学者も仰天《ぎょうてん》するようなテーマの本である。

現代民主主義社会の陰《かげ》の主役は、何といってもジャーナリズムである。その代表選手的な花田編集長に、「俎板《まないた》の鯉《こい》」になってもらおうとする、宗教側からのささやかな挑発《ちょうはつ》ではある。相手は横綱級の名編集長であるので、この程度の本で名声に傷がつくこともあるまい、との当方の身勝手な「甘え」もある。

さて、中国、北朝鮮、韓国などの首脳級政治家が、最も怖れているのは、日本に影響力のある宗教家が出てきて、「国家の気概」を国民に教えることである。今、私は、世界百数カ国で対中国包囲網もつくりつつある。日本人の多数は知らなくとも、向こうにとっては、私は世界的革命家である。
ステルス性の異次元攻撃が必要な時代でもあるのだ。

二〇一三年　十月一日

幸福《こうふく》の科学《かがく》グループ創始者兼総裁《そうししゃけんそうさい》　大川隆法《おおかわりゅうほう》

「W・i・L・L」花田編集長守護霊による「守護霊とは何か」講義　目次

「Ｗ《ウ》・ｉ《イ》Ｌ《ル》Ｌ」花田《はなだ》編集長守護霊《しゅごれい》による「守護霊とは何か」講義

二〇一三年九月十八日　収録
東京都・幸福の科学総合本部にて

「霊言現象《れいげん》」とは、あの世の霊存在の言葉を語り下ろす現象のことをいう。これは高度な悟《さと》りを開いた者に特有のものであり、「霊媒現象《れいばい》」(トランス状態になって意識を失い、霊が一方的にしゃべる現象)とは異なる。外国人霊の霊言の場合には、霊言現象を行う者の言語中枢《ちゅうすう》から、必要な言葉を選び出し、日本語で語ることも可能である。

また、人間の魂《たましい》は原則として六人のグループからなり、あの世に残っている「魂の兄弟」の一人が守護霊《しゅごれい》を務めている。つまり、守護霊は、実は自分自身の魂の一部である。したがって、「守護霊の霊言」とは、いわば本人の潜在《せんざい》意識にアクセスしたものであり、その内容は、その人が潜在意識で考えていること(本心)と考えてよい。

なお、「霊言」は、あくまでも霊人の意見であり、幸福の科学グループとしての見解と矛盾《むじゅん》する内容を含《ふく》む場合がある点、付記しておきたい。

「WiLL《ウイル》」花田《はなだ》編集長守護霊《しゅごれい》による「守護霊とは何か」講義

二〇一三年九月十八日　収録

東京都・幸福の科学総合本部にて

花田紀凱《はなだかずよし》（一九四二〜）

雑誌編集者。月刊「Ｗ・ｉＬＬ《ウィル》」（ワック出版）編集長。「週刊文春《ぶんしゅん》」「マルコポーロ」「ｕｎｏ《ウノ》！」「編集会議《へんしゅうかいぎ》」等、多数の雑誌の編集長を歴任。「週刊文春」編集長時代には、同誌を発行部数日本一の週刊誌に育て上げて一時代を画し、名編集長とうたわれた。また、ライターや編集者など、クリエイター向けの講座である「マスコミの学校」を主宰《しゅさい》し、後進の指導も精力的に行っている。

質問者　※質問順

綾織次郎《あやおりじろう》（幸福の科学上級理事 兼《けん》「ザ・リバティ」編集長）

斎藤哲秀《さいとうてっしゅう》（幸福の科学編集系統括《とうかつ》担当専務理事 兼 第四編集局長）

饗庭直道《あえばじきどう》（幸福実現党調査局長／全米共和党顧問《こもん》（アジア担当））

［役職は収録時点のもの］

1 「守護《しゅご》霊《れい》の霊言《れいげん》はやめてほしい」と語った花田《はなだ》編集長

なぜ、花田《はなだ》編集長の守護霊霊言《しゅごれいれいげん》を収録するに至ったか

大川隆法　本日は、何かへんてこりんで皮肉な題が付いておりますけれども、「ザ・リバティ」ネタで二回も収録するのは、たいへん恐縮《きょうしゅく》でもあります。

実は、先日、月刊「ザ・リバティ」の綾織編集長が、月刊「W《ウ》i《イ》L《ル》L」の花田《はなだ》編集長と対談した際、「大川総裁に、どんな書籍《しょせき》を依頼《いらい》したいですか」と訊《き》いたところ、「『大川総裁の読書力』という本が欲《ほ》しい」と言われました（注。二〇一三年八月三十日発売の「ザ・リバティ」十月号に花田氏との対談記事を掲載《けいさい》）。そこで、その書籍をつくったのですが、これについては、まもなく出版される予定です（二〇一三年八月二十九日に収録、幸福の科学出版より十月上旬《じょうじゅん》発刊）。

ただ、もう一つ気になったのが、その対談記事に、「自分が霊言《れいげん》やられたら困っちゃうな」と書いてあったことです（会場笑）。しかし、困るようなことは早めに終わったほうがよいのではないでしょうか（会場笑）。

といいますのも、これ（霊言）がけっこう言論人やジャーナリストの噂《うわさ》になってい て、お互《たが》いに、「おまえは出るんじゃないか」「やられるんじゃないか」「いや、俺《おれ》はまだそこまでは行《い》っていないから大丈夫《だいじょうぶ》だ」「あんたは、やられるかもしらん」などと、陰《かげ》ではいろいろと言っているようなのです。

これは、もはや陰の〝殿堂入《でんどうい》り〟ということかもしれません。政治家や言論人等にとっては、「霊言を録《と》られたら〝殿堂入り〟になる」というか、「公人《こうじん》として認められた」というかたちになるため、まるで、幸福の科学版の〝アカデミー賞〟のような面があるようなのです。

そういう意味では、「困っちゃうな」とか、「嫌《いや》だな」とかいうのは、もしかしたら「やってほしい」ということかもしれません。そういうサインの場合もあるのではないでしょうか。

「嫌だ、嫌だ」というのが、「饅頭怖い《まんじゅうこわ》」（落語の演目）の〝仲間〟であって、そのつもりで、「霊言怖い、怖い」「俺のをやってくれるなよ、やってくれるなよ」と言っているようにも聞こえなくはありません。「そうしたら（霊言の）体験ができる」ということでもあるかと思うのです。

二十二年前に受けた「週刊文春《ぶんしゅん》」の取材

大川隆法　私は、花田さんから二十二年ほど前に、「週刊文春《ぶんしゅん》」のインタビューを受けたことがあります。ちょうど編集長になられて三年目ぐらいになるころかと思いますけれども、「週刊文春」の歴代編集長のなかで売り上げをナンバーワンにされた方です。「公称《こうしょう》百万部」と言っておられましたが、実際にはどうか知りません。

ただ、とにかく売り上げが伸《の》びたのは間違《まちが》いなく、当時、ナンバーワン週刊誌にまで引き上げたわけです。スクープを連発して、すごく部数を伸ばし、男性にも女性にも読まれるような週刊誌を出しておられました。その意味では、「伝説のジャーナリスト」であろうし、いろいろな雑誌の編集長などが目標にしている方でもあるのではないでしょうか。

私は、その全盛期のときに取材を受けることになったのですが、当時は、文藝春秋《ぶんげいしゅんじゅう》社の隣《となり》にあった紀尾井町《きおいちょう》ビルに、幸福の科学の総合本部がありましたので、そこへ来てもらったのです。

それは、ちょうど「講談社フライデー事件」（注。一九九一年五月より講談社が「週刊フライデー」誌上で幸福の科学を誹謗《ひぼう》・中傷し始め、同年九月、それに対して信者たちが抗議《こうぎ》した出来事）が起きたころでした。

向こうさんは、「ジャーナリストの仲間は、みんな、本音では、『叩《たた》いたろうか』と思ってます」というようなことを言っていたと思います。ただ、隣同士でもあり、「あまり〝ケンカ〟をすると、朝の出勤が少ししにくくなるので、ほどほどにしませんか」と、私のほうから申し上げました。

もちろん、「一方的に当会のほうに有利なことを言ってくれ」とは言えないので、花田さんに、「中立ぐらいでやってもらえませんか」「講談社と幸福の科学に対して、交替《こうたい》で攻撃《こうげき》するなり、半々ぐらいでやってくれませんか」と言ったら、いちおうそのようにしてくださいました。毎回、講談社を攻撃する記事と、当会を攻《せ》める記事と、両方を出すようにしてくれたことを覚えています。まあ、隣同士だったので、「朝、出勤のときにお互いに会って、写真を撮《と》られたり、いろいろされるのは嫌でしょうからね」というようなお話をして、いちおう、それは通りました。

ちなみに、当時、編集長の部屋が見えないわけではなかったので、「念力《ねんりき》を送るとどうなるでしょうかね」などと言ったような気がします。もちろん、そういうことはしませんけれどもね（会場笑）。

保守系ではあるものの、霊言《れいげん》には否定的な花田氏

大川隆法　それから二十二年ぐらいになるのですが、最近では、綾織さんとも会われ

ているし、饗庭さんの論文も「Ｗ・ｉＬＬ」に載《の》せていただいたようです。おそらく、当会の政治思想的なものは、ある程度理解してくださっているのではないでしょうか。

しかし、向こうとしては、「いわゆる言論人風にやってくれるとありがたい」と思っているようです。そうすれば同じ土俵になるけれども、宗教的なほうに入るとキツイのでしょう。「霊言《れいげん》」などと言うと、あちらからすれば信憑性《しんぴょうせい》が下がってくるので、むしろそうではなく、「資料に基《もと》づいて、自分の意見として言ってくれたほうがいいのではないか」ということです。それで、「ガチンコ対談」になっていました。

しかし、ジャーナリズムの使命が、「真実とは何か」を求めることにあるとするならば、やはり、目を背《そむ》けてはいけない部分もあるのではないかと思います。

また、私も数多くの本を読んでいますし、『大川総裁の読書力』という本も出しましたけれども、これには、いい面もある反面、ある意味では「ジャーナリストの〝罠《わな》〟かもしれない」というところもあります。

要するに、「数多くの本を読んでいるから、何でも書けるし、何でもしゃべれるのでしょう。それが、霊言集になっているのではないんですか」という言い方もできなくはないからです。「半分は本気。半分は罠」ということもありえるとは思います。

なお、花田さんの本も三冊ぐらいは出ているのではないかとのことではありますが、残念ながら、私は買っておらず、読んでいないため、蔵書のなかにはありません。もしかしたら、「書き下ろしたような作品」ではなかったということなのでしょう。

この方は、事件が起きたときには論評されることもあったかもしれませんが、基本的には攻撃側にあって、いろいろな人を批評する側です。自分がそうされるのは、「マルコポーロ」の廃刊《はいかん》など、そういう事件があったとき以外には、あまりないのではないかと思います。あるいは、朝日系の雑誌に移ったり、辞《や》めたりしたときには、いろいろ書かれたことがあるかもしれません。

ただ、ディフェンスはそれほど強くなく、オフェンスのほうが強い方です。「攻撃のほうが強い」というのが、ジャーナリストの基本なのでしょう。

ちなみに、この収録をしようと考えたところ、やはり、昨日の夜ぐらいから（花田氏の）守護霊がおいでになり、就寝前《しゅうしん》に交渉《こうしょう》に臨《のぞ》んでこられました。要は、「やめてもらえないだろうか」ということを交渉されたのです。

その際、私のほうからは、「好意を持って行いますから大丈夫です。悪意は持っておりませんし、決して悪口を言う気持ちはありません。好意で行いますから」とお答え申し上げましたが、「たとえ好意を持ってやってくれたにしても、守護霊がバカだったら、結果的には批判になるんじゃないか」というようなことを言っていたので、ある程度、分かっていらっしゃるのでしょうし、そういうこともありえることではあります。

今まで調べた感じでは、言論人、ジャーナリスト、政治家とも、保守系の人は、「自分が守護霊である」ということを認識はしており、神や仏、高級霊《こうきゅうれい》の存在を認めている方が比較《ひかく》的多くいました。

一方、左翼《さよく》寄りの人たちは、守護霊を呼んでも、「ほとんど本人と守護霊の区別がついていない」というか、「分かっていない」という人が多かったですし、すでにあの世に還《かえ》っている場合には、たいがい、「まだ生きている」と思っていました。呼んでみると、そういうかたちで、はっきりと差が出てきたのです。

ただ、今回のように、言論としては保守ではあるけれども、霊言となると曖昧《あいまい》で、「そういうものは、なるべく出さないほうがいいのではないか」と思っている人は、どのあたりにいるのか、調べてみたいと思います。

花田編集長守護霊を招霊《しょうれい》する

大川隆法　とにかく、『『WiLL』花田編集長守護霊による『守護霊とは何か』講義』というのは、けっこうキツイ題ではあり、「もう勘弁《かんべん》してくれ」と言う可能性はあるので、そこで「説教される」ことになるかもしれません。

もし話が続かなくなったら、やはり、「ジャーナリズムと宗教の関係」や、「その壁《かべ》のところをどのようにしたらいいか」といったあたりのところに話題を持っていき、意見を交換《こうかん》してもいいでしょう。そうした、「ジャーナリズムの壁と宗教とのあり方」

のあたりを追究してみてもよろしいのではないかと思います。

ちなみに、今日は、二千百回目の説法《せっぽう》になるそうです（会場拍手《はくしゅ》）。また、二〇〇九年に公開霊言を始めてから、四百二十二回目の公開霊言になるようですので、けっこう数は重ねてはいます。

そういう意味では、私が、本を読んで霊言をしているかどうかについて、花田さんは、自分の守護霊の意見を聞いてみることで、たぶんお分かりになると思います。私は、この人の本を読んでいません。記事を読んだことはあるかもしれませんが、本は読んでいないのです。

それでは、記念すべき「二千百回目」を始めてみたいと思います。


（合掌《がっしょう》し、瞑目《めいもく》する）

かつて、「週刊文春」を日本一の週刊誌になされて、「生まれ変わっても週刊誌編集長になりたい」とおっしゃった花田紀凱《かずよし》さん。現在、月刊「Ｗ・ｉ・Ｌ・Ｌ」の編集長をなさっています。

われわれも、いろいろとご助言を得ることもございますが、今回は、ジャーナリストたちが、まだまだ霊言を十分に理解していないようでございますので、自ら、そのご体験をしてくださり、真情を吐露《とろ》され、「ジャーナリストの守護霊は、いったいいかなるものであるか。どういうふうに認識をしているのか」ということを、〝同業者〟に分かるようにご説明等をしてくだされば、心から幸いかと思います。

それでは、月刊「Ｗ・ｉ・Ｌ・Ｌ」編集長・花田紀凱さんの守護霊をお呼びいたします。

（約十五秒間の沈黙《ちんもく》）

2　花田編集長の守護霊、「困ったなあ」を連発

霊言《れいげん》の収録を「仕返し」と疑う花田氏守護霊

花田紀凱守護霊　チッ（舌打ち）。これって、仕返しかなあ?

綾織　いや、そんなことはありません。

花田紀凱守護霊　仕返し、か?

綾織　いえいえいえ。

花田紀凱守護霊　いやあ、そう、世の中は、自分たちの思うようにはならないことが

あるからさあ、すぐに仕返しするっていうのは、よくないんじゃない？（注。前掲《ぜんけい》『大川総裁の読書力』の推薦《すいせん》文を花田編集長が辞退したことを指すと思われる）

綾織　いやいや、とんでもございません。

花田紀凱守護霊　うん？

綾織　これまでも、非常に親しくお付き合いさせていただきましたし、これからも、同じようにやっていきたいと思っています。

花田紀凱守護霊　いやあ、それは、私だって、ジャーナリストなんだからね。

綾織　はい。

花田紀凱守護霊　だから、親しくても、ジャーナリストはジャーナリストだから、幸福の科学がチョンボしたら、たたみかけるように記事を書きますからねえ。そのへんのスタンスは分かっているでしょう?

綾織　はい。それは、非難すべきところがあれば、ぜひ、やっていただければと思います。

花田紀凱守護霊　だから、完全に、百パーセント、シンパっていうことはありえないですからねえ。

綾織　はい。そのとおりですね。

花田紀凱守護霊　まあ、言論において、似通《にかよ》った部分には、シンパシーを感じる部分はあるけどもねえ。ただ、やっぱり、あなたがたの団体でも、比較《ひかく》的、この世に足場を置いた活動が得意な方とは話がしやすいっていうところはあって、本当の宗教部門の人たちとは、そう簡単に話が合わないかもしれないとは思うし、（大川）総裁の説法《せっぽう》も、そうした政治経済的な話、あるいは、国際的な問題についての話なら、よく分かりますが、霊的《れいてき》なものにずーっと入っていったりすると、うーん、やっぱり遠くなる感じはありますねえ。

幸福の科学と親しくなりすぎないように「距離《きょり》」を取っている理由

綾織　ただ、今日は、守護霊さんですから……。

花田紀凱守護霊　仕返しでしょう？　本当は。

綾織　いえいえ（笑）。違《ちが》います。

花田紀凱守護霊　え？　え？

綾織　違います、違います。より結びつきを……。

花田紀凱守護霊　結びつきを？

綾織　まあ、強めるというか、より本音で語り合える（笑）……。

花田紀凱守護霊　いやあ、そう悪く思わないでよ。応援《おうえん》が、ちょっと足りないのかもしれないけどもさあ……。

綾織　あ、いえいえ。とんでもございません。

花田紀凱守護霊　いやあ、「『W《ウ》・i《ィ》L《ル》L』の経営状態が悪いから、『幸福の科学に何万部も買い上げてもらう』とかいうような約束でも取り付けて、応援しているんじゃないか」というような、悪質な読みをする人もいるからさ。

綾織　そういう見方をする人もあるかもしれませんね。

花田紀凱守護霊　あんまり親しくなりすぎてもいけない。その距離《きょり》の取り方が難しいのよ。

綾織　はい。そうですね。

花田紀凱守護霊　ねえ？

綾織　是々非々《ぜぜひひ》で、付き合っていただいていると思っております。

花田紀凱守護霊　ええ、ええ。

綾織　「ザ・リバティ」にも、関心のあるテーマなので今回、出ていただきましたし、「WiLL」のほうでも、幸福実現党の饗庭のレポートの内容をしっかり判断して、「これはいい」というふうにおっしゃってくださっていましたので……（注。質問者である饗庭の「中韓《ちゅうかん》のロビイ活動にこう対抗《たいこう》せよ」と題するレポートが、二〇一三年六月二十六日発売の月刊「WiLL」8月号に掲載《けいさい》された）。

花田紀凱守護霊　それは、饗庭さんの（レポートの）内容に霊的なものがまったくないので載《の》せられたっていう部分があって……。

綾織　（苦笑）いえ……。

花田紀凱守護霊　私どもには都合《つごう》がよかったが、あなたがたにとっては、全然、宣伝にならない部分があったかもしれませんね。

綾織　いえいえ、政党活動としては、ありがたいなと思っております。

花田紀凱守護霊　それから、あなたがたのファンのなかでは、もう〝政教分離〟が行われていてねえ、「政治的な主張については、ある程度、賛同できるが、宗教のところについては、ついていけない」という人と、「宗教のほうをやっているけど、政治のほうは、ついていけない」という人と、両方、出ているので、気をつけないと、〝股裂《またざ》き〟になる可能性はあるね。統合できるか、〝股裂き〟か。ねえ？

綾織　ぜひ、今日は、その橋渡《はしわた》しをしていただく役割をお願いしたいと思います（笑）。

花田紀凱守護霊　いや、今日、私、「これは、やってほしくない」って言っているのに、どうしてするのよ。「やってほしくない」って言ったら、やってほしくないんですよ。ほかの人が、やられるのは面白《おもしろ》いんだけど……。

綾織　少し、チャレンジングなのですけれども……。

花田紀凱守護霊　あんたねえ、今日は、本来、私じゃなくて、時事的に、「みのもんた」をやるべきですよ（会場笑）。

綾織　（苦笑）そうですねえ。ちょっと……。

花田紀凱守護霊　絶対、やるべきですよ。あっちをやったほうが面白いよなあ。週刊誌的には。

綾織　まあ、困っているところに〝追い打ち〟をかけるのは、あまり好きではありませんので。

花田紀凱守護霊　まあ、そうだけど、私なんて、「花田さんのときだけ、まったく売れませんでした」とか言われたら困るじゃないですか。

綾織　そこは、私たちの努力で頑張《がんば》ります。

花田紀凱守護霊　これ（霊言）が、「Ｗ・ｉＬＬ」の応援になるかどうかも分からないですよ。「とうとう〝来た〟か。編集長」っていうこともありえるからねえ。

綾織　応援になるように、頑張りましょう。

花田紀凱守護霊　うーん、そうですか。

タイトルに対し、「ひどい嫌《いや》み」と絡《から》んでくる花田氏守護霊

花田紀凱守護霊　でも、これは無理だよ！　「『守護霊とは何か』講義」。これ、嫌《いや》み

か？（会場笑）ええ？

綾織　「講義」と付いていますので……。

花田紀凱守護霊　「守護霊（の霊言）だけは、やめたほうがいい」って言っている人に、「『守護霊とは何か』講義」って、なんだよ、これ。

綾織　（笑）でも、守護霊さんでいらっしゃいますので……。

花田紀凱守護霊　ひどい嫌みだよ。これ。あんた、こういうジャーナリスト的なねえ、人の発言をひねって意地悪《いじわる》する言葉を編み出すっていうのは、ジャーナリズムの方針だけどね。

綾織　いえいえ。これは、「真実の追究」でございまして……。

花田紀凱守護霊　真実の追究？

綾織　ええ。「守護霊とは何か」というのは、まあ、ジャーナリストの立場からもそうですし、それ以外の、読者的な立場からもそうですが、やはり、「よく分からない」というのは正直なところ、あると思うんです。

花田紀凱守護霊　いや、それは、ほかのやつがさあ……。テレビに出たりする霊能者とかが、いるじゃないか。あれには、へんてこなのが、いっぱいいるからさあ。

綾織　ええ。

花田紀凱守護霊　なんか、お線香《せんこう》を立てて、塩を積んでさあ、「憑《つ》いている猫《ねこ》を祓《はら》ってください」だとか、「おばあさんを祓ってください」だとか、まあ、適当なことを言うとるから、みんな、うさんくさいと思っているのよねえ。

綾織　そうですね。その部分も……。

花田紀凱守護霊　守護霊には、じいさん、ばあさんまで入っているからさあ。

綾織　まあ、基本的には、「先祖なのかなあ？」とか……。

花田紀凱守護霊　いや、お狐《きつね》さんが守護霊っていうのもあるんでしょう？

綾織　巷《ちまた》では、そうですね。

花田紀凱守護霊　うーん、当然、「油揚《あぶらあ》げを祀《まつ》ってあげてください」とか言うんでしょう？　だから、そのへんが分からないんだよ。

社員証もないから、「守護霊である証明」はどこにもない？

綾織　まあ、今日は、守護霊さんが来てくださっていますので、狐ではないと……。

花田紀凱守護霊　うーん、でも、名札が付いているわけじゃないし、社員証もないしさあ。もう、しょうがない。「守護霊社員証」はないんだよ。

それをパッとかざしたり、カードを通したりすればドアが開《あ》くとかいうのならいいけどさあ、俺《おれ》が守護霊である証明なんか、どこにもないよ。調べてくれよ。どうやって調べるんだよ。ええ？

綾織　では、ぜひ、調べさせていただきたいと思うのですけれども……（笑）（会場笑）。

花田紀凱守護霊　おう。調べてくれよ。男か女かも分からないよ。

綾織　ああ、難しいですね。

花田紀凱守護霊　だって、付いているかどうか、調べようがないわ。

綾織　まあ、お話を伺《うかが》っているかぎりでは、「狐などの動物ではない」というのは、よく分かりますねえ（笑）。

花田紀凱守護霊　うん。狐じゃないよ。狐じゃなくて、いちおう、学校は出たかもしれない感じはあるねえ。

綾織　はい、はい。

花田紀凱守護霊　ああ、それはそうだ。

綾織　さらに、ご先祖様でもなさそうですね？

花田紀凱守護霊　へへへ、チッ！（舌打ち）ご先祖様と来たか。アハハハ。うーん、まあ、君たちの本を、ちょっとは読んでいるから、それほどバカじゃないので、だいたい分かってはいるけどさあ。

綾織　ええ。

花田紀凱守護霊　「守護霊だ」っていう認識がなかったら、「左翼《さよく》で地獄《じごく》行き」と、もう決まっているんだろう？　君らは、もう（会場笑）。そうは行かないよ。そんなことはないよ。

綾織　まあ、そこからの回心《かいしん》もありますし、いろいろなパターンがあります。

花田紀凱守護霊　うーん……。まあ、それほどバカじゃないけども、宗教を専門でやっている人たちから見たら、私は、どうせ勉強が足りないから、「足をすくわれるかな」と思って、今日は、用心してるんだよ。

綾織　そんなつもりはありません。ご自身（守護霊）の、普段《ふだん》の生活などは、どういうふうに……。

花田紀凱守護霊　ジャーナリズムの本質はさあ、「人の足をすくうこと」だからねえ。だから、隙《すき》を見ては、すくう……。

綾織　必ずしも、そうではないと思いますけれどもね。

花田紀凱守護霊　いやあ、基本的には、それがいちばん売れるんだからさあ。

綾織　過《あやま》ちがあれば、しっかり指摘《してき》はしないといけないですけれどもね。

「霊言《れいげん》はやめてほしい」と言った本当の理由とは

花田紀凱守護霊　いやあ、「花田編集長、隠《かく》れた信心《しんじん》」とかいって、パッとやられるとね。これは売れるからさあ。アッハハハ。

綾織　（笑）

花田紀凱守護霊　そうなんだよ。ねえ？

綾織　なるほど。

花田紀凱守護霊　だから、「信仰心《しんこうしん》がない」と言っている分には大丈夫《だいじょうぶ》ですけど、「隠れた信心があった」とかねえ……。

綾織　ああ、「実は、すごく信仰心があった」とか……。

花田紀凱守護霊　「実は、龍神《りゅうじん》を拝《おが》んでいた」とか、「実は、狸参《たぬきまい》りをしていた」とかいうことが、もし出てきたらさあ、それは、もう、スクープだよ。

綾織　はい。面白いですね。

花田紀凱守護霊　なあ？　それで、「ザ・リバティ」にスクープされて、私は、〝イチコロ〟だよ。

綾織　（苦笑）そうですね。

花田紀凱守護霊　ねえ？　こういうことがあるから、けっこう怖《こわ》い世界なんですよぉ。

綾織　なるほど。

花田紀凱守護霊　「板子《いたご》一枚下は地獄」だからね。

綾織　なるほど。そういうところが、地上のご本人が「霊言《れいげん》は、ちょっとやめてほしいなあ」というふうにおっしゃっていた理由ですね？

花田紀凱守護霊　それはそうですよ。だからねえ、渡部昇一《わたなべしょういち》さんだって、霊の世界を信じていて、「自分の守護霊だ」と思っていてもさあ、「私は、『本当に、そういうのがあるかどうか』はよく分からんけども、まあ、そういうふうに言う人もいる」みたいに言うだろう？

まあ、このくらいの「距離の取り方」をしないと、この世的には、何て言うか、そういう、はまった人みたいに見られるからさあ。このへんの段階というか、〝自転車の変速〟みたいな、ここのところが難しいな。

綾織　まあ、そのへんの距離を保ちながら……。

花田紀凱守護霊　うーん、君なんかだって、もしかしたら、本当はモグリで、産経から密命を帯びて潜《もぐ》って、信者のふりをして幹部まで上がってきて、「幸福の科学の本質を探《さぐ》れ!」と言われているかもしれないじゃないか（注。質問者の綾織は、かつて産経新聞の記者だった）。君らは、善人ばっかりなので、信じちゃうから……。

綾織　いえいえいえ。

花田紀凱守護霊　あるいは、「朝日を潰《つぶ》せ!」っていう密命を帯びて入っている可能性もあるかもしれない。

綾織　ああ、なるほど。

花田紀凱守護霊　うん。これはありえる。十分にありえる。

綾織　それは利用価値があるかもしれないですね。

花田紀凱守護霊　ね？　利用価値があるね。人一人ぐらい送り込《こ》むことはある。怪《あや》しい。

綾織　なかなか鋭《するど》いですね。

花田紀凱守護霊　でしょう？

綾織　昨日《きのう》、私は、産経新聞の元上司と会っていたのです。すごく鋭いですよ（笑）。

花田紀凱守護霊　そうでしょう。首相官邸詰《かんていづ》めの記者だったっていうのは、産経だったら、エリートじゃないか。ねえ？

綾織　いえいえ。

花田紀凱守護霊　エリートを、わざわざ送り込むっていうことは、何か密命を帯びて来ている可能性があるわね。

綾織　そのへんの鋭い感覚も、地上のご本人と非常に近いところがありますので、守護霊さんの普段の生活ぶりというか、まあ、仕事ぶりなのかもしれませんけれども、どういう感じで、地上の花田編集長と……。

花田紀凱守護霊　勘弁《かんべん》してください。私、タレントじゃないんだからさあ。

綾織　いやいや、これは、やはり、「『守護霊とは何か』講義」ですのでね。

花田紀凱守護霊　あ、そうか、そうか、そうか。

綾織　はい（笑）。

花田紀凱守護霊　チェッ！

「〝非合法の取材〟が横行すると困る」との主張

綾織　ご自身（守護霊）は、どういう生活スタイルなのでしょうか。

花田紀凱守護霊　へへへ（笑）。ハアッ（ため息）。参ったねえ。だから、「これは、してほしくない！」って言っているのに……、もう困るなあ。

綾織　では、早く終わらせるということで……。

花田紀凱守護霊　早く終わらせるって……（笑）（会場笑）。いや、本当に、私たちが困るのは……、だからさあ、「〝非合法取材〟が横行する」っていうのは困るわけよ。

綾織　いいえ、合法ですよ。法律で、何も禁止されていません。

花田紀凱守護霊　正式に申し入れて、許可を得てやるんじゃなくて、勝手にステルス（隠密《おんみつ》）で入ってきて、勝手に、本人が知らないうちに取材されていて、それで、「取材をしましたので」と言われる。これに対して、今、何らの法的な〝あれ〟もないからさあ。

綾織　「信教の自由」の範囲《はんい》ですね。

花田紀凱守護霊　信教の自由か。でも、ジャーナリズムだから……。

綾織　「信教の自由」もあるし、「言論の自由」もあるし、すべて、そのなかにありますね。

花田紀凱守護霊　そうか。うーん、でも、報道の自由のところは、まあ、判例とかはあるけど、法律的には、別に厳密な〝あれ〟があるわけじゃないんでね。今までの慣習で、線引《び》きがあるところだからさあ。今後、大きく変わるかもしれないんでね。安倍《あべ》さんなんか、どっちかと言ったら線引きしたい可能性もあるからさあ。

綾織　はい。今、「秘密保護法」という法案が出ていますね。

花田紀凱守護霊　だけど、逆のもあるしさあ。ナベツネ（読売新聞の渡邉恒雄《わたなべつねお》会長）さんみたいに、「ナベツネさんの守護霊の霊言が出て、読売の人たちは、『ああ、会長は、こういう考えだったんだ』と分かって、それに合わせて記事を書いている」なんていう、お笑いみたいなこともあるからさあ（『ナベツネ先生 天界《てんかい》からの大放言』〔幸福の科学出版刊〕参照）。

綾織　まあ、「Ｗ・ｉＬＬ」の編集部の方々も、今、待っていらっしゃると思います。花田編集長が、どういう考え方で……。

花田紀凱守護霊　そうなんだよ。私が語れば、それに合わせて書き始めるからさあ。これで勤務評定《ひょうてい》が変わると思ってさあ。

綾織　はい、はい。

花田紀凱守護霊　だからね、エル・カンターレと一緒《いっしょ》で、本音は語れないんだよ。「すべての人を愛している」というスタンスを取らないといけないんだ。

綾織　はい。

3　ジャーナリスト守護霊の「仕事」とは

花田氏守護霊は「夢うつつの世界」にいる？

花田紀凱守護霊　で、何が訊《き》きたいって？　油揚《あぶらあ》げを三枚、食べたかどうか？

綾織　まあ、そうなのかもしれないですし……。

花田紀凱守護霊　いやあっ（笑）。

斎藤　今日は、あれですか？　睡眠《すいみん》は取られたんですか（笑）。守護霊様は、夜、寝《ね》るんですか。

花田紀凱守護霊　ああ、守護霊の話ね？

斎藤　ええ。

花田紀凱守護霊　守護霊は寝るか……。

斎藤　いつも、朝、起きたりとか、夜、寝たりとか、そんな記憶《きおく》はありますか。

花田紀凱守護霊　うーん、守護霊は寝ないなあ。

斎藤　ああ。

花田紀凱守護霊　守護霊は勤勉なんだが……。

斎藤　では、常に、二十四時間、起きている？

花田紀凱守護霊　起きていると言えば起きており、寝ていると言えば寝ている。

斎藤　はあ、どちらですか。

花田紀凱守護霊　つまり、それは、夢うつつの世界でなあ。

斎藤　夢うつつ、ですか。

花田紀凱守護霊　ああ。だから、君らと、まったく同じ生活を……。

斎藤　いや、そんな（笑）、私たち地上人と同じではないですけれども……。

花田紀凱守護霊　君らは、「夜、仕事をしている」と称《しょう》して寝ていることが多いだろう？

斎藤　（苦笑）なるほど。鋭《するど》いですねえ。

花田紀凱守護霊　昼間は、「仕事をしている」と称して寝ていることも多いだろう？

斎藤　なるほど。

花田紀凱守護霊　今は起きている。なあ？

斎藤　はい。

花田紀凱守護霊　まあ、似たようなもんだよ。

斎藤　なるほど（苦笑）。「守護霊との良好な関係」「守護霊の才能」で腕《うで》に差が出る

斎藤　ただ、「守護霊様の意識」と、「地上の花田紀凱さんの意識」と、二つあるはずではありませんか？

花田紀凱守護霊　そうだねえ。

斎藤　それらは、どういう関係なのですか。

花田紀凱守護霊　やっぱりねえ、編集者っていうのは、基本的に、勘《かん》じゃない？

斎藤　はい。勘です。

花田紀凱守護霊　ねえ？　勘で飯《めし》を食っているようなもんだよなあ。だから、〝勘の缶詰《かんづめ》〟が歩いているようなもんだよ、編集者っていうのはね。

その勘の部分は、そういう意味では、インスピレーションを受けるからさあ。「守護霊と、どれだけ良好な関係を結べるか」ということと、「守護霊に才能がどのくらいあるか」っていうことによって、やっぱり、腕《うで》に差は出るわな。どうしてもなあ。

斎藤　ほう。

「週刊文春《ぶんしゅん》」をナンバーワンに押《お》し上げた秘密

綾織　では、「週刊文春《ぶんしゅん》」の時代に、週刊誌ナンバーワンになって、七十万から百万という部数を叩《たた》き出したことには、守護霊さんのインスピレーション、つまり、勘の部分が影響《えいきょう》していますか。

花田紀凱守護霊　うん。まあ、「勘」と「この世的な戦略」と、両方あるかな。

綾織　ああ。

花田紀凱守護霊　やっぱり、この世的に、ちょっと女性層にも読ませる……。まあ、あのころは、「硬派《こうは》雑誌は、普通《ふつう》、男性が読むもの」と相場は決まっていたからねえ。だから、「男性が読む記事」と、「女性も読みたくなるような記事」と、必ず、二本は外さないように入れていった。

まあ、「ザ・リバティ」とかは、全部読まなきゃいけないそうだけども、みんな忙《いそが》しいから、われわれの雑誌を、なかなか全部は読んでくれないのでね。

その見出しを見て、「どの記事が読みたいか」で、だいたい、みんな買うことを決めるからさあ。新聞の広告や、電車の中吊《なかづ》りを見て、そのなかに、一つ自分が読みたいものがあるかどうか、引っ掛《か》かるかどうかが勝負だから。

そういう意味では、君らの霊言集《れいげんしゅう》なんかも似てるのかもしらんけども、いろいろな層に向けて発信はしていて、主として柱の部分で「どこを狙《ねら》うか」っていうのは、やっぱり、この世的な部分での、男女両方を狙える柱を入れて、ちょっと、マーケットを広げる。これは、この世的なマーケティング戦略だとは思う。

それと、「何が、今、いちばん、うならせるようなものになるか」っていうことには、勘はあるわな。

綾織　はい、はい。

花田紀凱守護霊　だから、君らを見ていて、うらやましいのは、「ちょっとだけ早い」っていう感じで、〝切れ味〟がなあ。だから、剣《けん》の勝負でもさあ、抜《ぬ》く前に斬《き》ってくるところが分かったりされたら、相手だって、やっぱり困るだろうねえ。

綾織　はい、はい。

花田紀凱守護霊　そういう意味では、ちょっとだけ早いねえ。

綾織　なるほど。

花田紀凱守護霊　うーん。

週刊誌の「グレーゾーン」の見方で霊言集《れいげんしゅう》を見ている？

綾織　やはり、守護霊さんは、「週刊文春」の時代から、一つ一つ、かなり具体的なアドバイスをされてきたのですね？

花田紀凱守護霊　うーん、まあ、基本的に私は、やや攻撃《こうげき》的な面が強かったのでね。そのへんが、何て言うか、「行くか、行かないか」、記事をやるときに、「編集長としては、踏《ふ》み込《こ》むか、踏み込まないか」っていうところは、「気の強い、弱い」だ。

だから、灰色ゾーンが多いわね。新聞なんかになると、グレーゾーンはできるだけ減らしていくけど、週刊誌の旨《うま》みは、「そのグレーゾーンをいかに生かすか」「グレーゾーンが、法律的に引っ掛からないように、どう〝料理〟して持っていくか」っていうところの仕上げ方だよな？

つまり、中身が本当は駄目《だめ》で、引っ掛かる内容でも、「見出しの付け方」によっては、上手にそれが〝料理〟できる部分もあるわけだ。

そのへんで、同じような目で、君たちの霊言集とかも見ているもんだからさあ、（霊言を）半分は信じても、半分は、「もしかしたら、人工的にやれるんじゃないかなあ」という気持ちが、やはり、あるわけよ。

綾織　それは、地上のご本人の考えですよね？

花田紀凱守護霊　いや、だけども、習性としては、そういうものを共有しているからね。

綾織　ああ、共有している状態？

花田紀凱守護霊　うん、うん。

綾織　でも、守護霊さんですよね？

『大川総裁の読書力』を提案した本当の狙《ねら》い

花田紀凱守護霊　え？　まあ、守護霊だけどさあ、大川総裁の仕事を、私らには見させてくれないじゃない？　ねえ？　だから、『大川総裁の読書力』っていう本を書いたら、本来は編集部が入って、バシバシバシバシッと写真を撮《と》って、仕事をしているところの証拠《しょうこ》写真を出さなきゃいけないだろう？

だけども、君らはやらない。そこまでサービスしないだろう？

綾織　まあ、それには、やはり、ジャーナリズムとは違《ちが》う、宗教の原理がありますのでね。

花田紀凱守護霊　本当は、それをやらせたくて、ああいう企画《きかく》を言っているわけで……。

斎藤　「それをやらせたかった」というのが本音なんですか？

花田紀凱守護霊　当然だよ！　当然、そうだよぉ。普通はやるでしょう？　あれ（『大川総裁の読書力』）を「W《ウ》i《ィ》L《ル》L」で出版するっていうのなら、絶対にやりますから。それは、やりますよぉ。だから、本当は……。

斎藤　大川総裁が、どんな本を読んでいるかを調べたかったのですか？

花田紀凱守護霊　だから、この綾織をメッセンジャーとして送り込んで、「なかの人だから、いいでしょう?」ということで、調査をさせようという考えは、ちょっとぐらいあるわねえ。それは当然だよ。

〝間接ヒット〟だよな?

綾織　（苦笑）まあ、宗教的な聖域《せいいき》ですので、「修行《しゅぎょう》が進んでいないと、無理」というのがありますので……。

「霊言《れいげん》収録があること」を察知していた花田氏守護霊

花田紀凱守護霊　昨日《きのう》は、夜、たまたま、おたく（綾織）とコネクションがあったし、こういう企画が……。あのー、ここの総裁は強気だねえ。すぐ〝返し〟を打ってくる。この速さは、すごいねえ。これ、イスラエルだったら大変だよ。ねえ?（会場笑）すごいよ。すぐ撃《う》ち込んでくるよ。

綾織　「倍返し」どころではない……（笑）（会場笑）。

斎藤　百倍返しです（笑）。

花田紀凱守護霊　倍返し、十倍返し、百倍返し？　今、流行《はや》りの言葉だなあ。いや、すごいですねえ。よく言ってくるよな。

綾織　そのへんの仕組みも、知りたいのですけれども……。

花田紀凱守護霊　うん。

綾織　昨日、私は、地上でご本人と電話でやりとりをさせていただいていましたけれども、「霊言《れいげん》の収録があるかもしれない」というのは、何か伝わってくるのですか。なんか〝怪《あや》しげな気配〟が……。

花田紀凱守護霊　それは、分かるよぉ（笑）。

綾織　分かりますか？

花田紀凱守護霊　分かるよ！　やっぱり、直感として、「身に危険が及《およ》びそうか、そうでないか」ぐらいは分かるでしょう？

綾織　ああ、なるほど（笑）。

花田紀凱守護霊　それは、分かりますよ。だから、もう、早くも、自分で予言しているのよ。「自分がやられたら困っちゃうな」って、もう予言しているじゃない？　これは予言者のごとく……。

綾織　本心では、怖《こわ》いもの見たさで、「やられてみたいなあ」というのはなかったのですか。

花田紀凱守護霊　いやあ、やられる場合は、もう、ジャーナリスト生命が終わってもいいときで、まあ、イチローで言えば、「引退のときに国民栄誉賞《えいよしょう》を下さい」っていう、〝あれ〟だよね。

もう、ずばり、「信仰者《しんこうしゃ》ジャーナリスト」になっちゃったら、やっぱり、別に分類されちゃうからさ。それは、まずいんですよ。その場合は、いちおう、〝破産〟分類されちゃうわけ。ジャーナリストとしては、いわゆる、〝破産〟なんだよ。

だから、そのへんは微妙《びみょう》なんだけど、もう、すぐに一秒でビビビッとくる。

綾織　ああ、なるほど。

花田紀凱守護霊　だから、自分に関係なければ、つながることはできないんだけど、関係のあるものが、たまたま出てくれれば、その範囲内《はんい》では、つながれるんだよなあ。電話の回線やインターネット回線みたいなもので、関係があればつながれる。関係がなければつながれない。

花田氏守護霊の「善意からの忠告」とは

花田紀凱守護霊　（綾織に）君、気をつけたほうがいいよ。私は、善意から忠告しておくけども、君は、今、狙われているよ。

綾織　ほう。そうですか。

花田紀凱守護霊　「花田がどこまでこじ開けられるか」を見て、「行ける」と見たら、ほかにも入ってくるぞ。だから、気をつけたほうがいいよ。特に、甘言《かんげん》を弄《ろう》して入ってくるやつには、気をつけたほうがいい。

ほめながら、「いやあ、信じているんです」って言って入ってきたら、パッと開《ひら》くのが、宗教の弱みだからさあ。これ、気をつけたほうがいい。君のところは危ないよ。

綾織　それは、ジャーナリスト関係……。

花田紀凱守護霊　うん。危ないよ。君（綾織）とかは危ない。君とねえ、饗庭は危ない。

綾織　ああ、そうですか（苦笑）。

花田紀凱守護霊　この二人は危ないと思うわ。危ない。この世的なもので釣《つ》られる恐《おそ》れがある。〝油揚げ〟で釣られるから、気をつけたほうがいいよ。

綾織　（苦笑）ありがとうございます。

花田紀凱守護霊　いちおう、善意から、「気をつけたほうがいい」と、私は、言っておきたいねえ。

綾織　なるほど。地上の花田編集長にも、今、少し攻《せ》め込まれているかもしれないですね。

花田紀凱守護霊　そうよ。本当は、ジャーナリストっていうのは、いつ狼男《おおかみおとこ》に変身するか分からない。それが本質だからね。本質的には、いきなり毛が生えて、狼男に変わるからね。

だから、君らに、善意があるように近寄っていても、隙《すき》を見せたら、突如《とつじょ》、バクーッとかみつく。まあ、あるいは、ドラキュラかもしらん。

綾織　なるほど。

花田紀凱守護霊　かみついて血を抜く。これがジャーナリズムだよ。飯のタネになると思ったら、いきなりかみつきますよ。

綾織　ふんふん。

花田紀凱守護霊　だから、狼はねえ、やっぱり、犬にはならない。飼い犬にはならないよ。ジャーナリズムは、狼みたいなものだからねえ、それは気をつけたほうがいい。

私だってねえ、「九十九パーセント信じている」と言っても、残りの一パーセントが残っているかぎり、いつ狼になるやら、吸血鬼《きゅうけつき》になるやら分からんから、〝十字架《じゅうじか》〟と〝ニンニク〟を離《はな》してはいけないね。これは気をつけたほうがいいよ。

「善意」はジャーナリズムの世界では通じない？

花田紀凱守護霊　私なんか、幸福の科学を心配しているのよ。だから、信じすぎる。

ジャーナリスト出身の人がいっぱい入っているじゃないですか。この人たちが、本当の信仰心を持っているかどうか、ちゃーんとねえ、一回、嘘《うそ》発見器にかけるべきですよ。本当かどうか。

綾織　（苦笑）その部分は、同じように、守護霊のリーディングなどがありますので、本心は出てきます。

花田紀凱守護霊　いや、聞くところによると、守護霊でも、嘘をつくのがいっぱいいるらしいじゃないですか。

綾織　職員の場合、それは、なかなか難しいですね。

花田紀凱守護霊　いやあ、長年の修行で騙《だま》せるようになっているらしいじゃないですか（会場笑）。

綾織　（苦笑）いえいえ。

花田紀凱守護霊　位《くらい》が上がれば上がるほど、騙せるらしいじゃないですか。

綾織　いやいや。それは難しいです。これは、逃《のが》れられないのが〝怖い〟ところですよね。

花田紀凱守護霊　いやあ、私が、最近、仄聞《そくぶん》したところによれば、七重《ななじゅう》に〝化《ば》けた〟やつがおるっていう話も聞いた。

綾織　まあ、たまに……。

斎藤　〝秘術〟を使う人も、なかにはいらっしゃるので……。

花田紀凱守護霊　ええ？

斎藤　秘術です。それは、極《きわ》めて珍《めずら》しく、当会の職員でも、千人に一人ぐらいの割合ですから。

花田紀凱守護霊　〝マジシャン系〟が、ちょっといるのね？

斎藤　ええ。これについては、例外として横に置いといてください。

花田紀凱守護霊　だから、あのねえ、善意はねえ、ジャーナリズムの世界では通じないんですよ。基本的には、悪意を前提にしているから、外から見れば、人が悪いし、「猜疑心《さいぎしん》」とか、「疑惑《ぎわく》」とかいうのは、宗教的に見れば、悪いことなんだろうけれどもね。ただ、人には本能的に、自分に有利なほうにして、不利なものは隠《かく》そうとする本性《ほんしょう》があるじゃないですか。

「こういう本性があるもの」という、行動の前提や法則があるとして、「必ず隠そう

「犯人とするやつを引っぱがす」というのを、いちおう、目的にしているわけよね。「犯人は必ず証拠を隠蔽《いんぺい》する」というふうに考えるけど、これは、いちおう、そういう職業訓練を受けているからね。

だから、それを、全部、まったく忘れて、「信じなさい。『ＵＦＯは来る』と思ったら、大きなＵＦＯが降りてきて、みんな乗って、どこかの惑星へ行けるんですよ」みたいなのを、そのまま信じるようなやつは、やっぱり、ジャーナリストには向いていないわけでねえ。

いちおう、疑いを持ってやることが、「善良な人たちが騙されたりするようなことから守る」という意味では、大事なことで、いかに、親近性を感じたとしても、最後の最後まで「疑い」は残さなきゃいけない。要するに、ここが「信仰の壁《かべ》を越《こ》えられるかどうか」のところなのかもしれない。うーん。

綾織　ここまでおっしゃってくださったのでお伺《うかが》いしたいのですけれども……。

花田紀凱守護霊　うん？　君、本当に信じてる？　百パーセント？　何パーセントかね？

綾織　ええ、大丈夫《だいじょうぶ》です。

花田紀凱守護霊　え？　大丈夫？

綾織　はい。

花田紀凱守護霊　本当に〝裏金〟をもらってないね？

綾織　ああ、それはまったくないですね。

花田紀凱守護霊　彼の銀行口座を、誰《だれ》かちゃんと調べた？　経理や財務系、人事系は……。

綾織　（苦笑）調べてもらって、何の問題もありません。

花田紀凱守護霊　まあ、やっぱ調べて、どこかから振《ふ》り込みがあったりすると怪しいし、危ないと見たほうが……。

綾織　いえ、大丈夫です。

花田紀凱守護霊　やっぱり、そこまで調べないと、信じちゃいけないと思う。

綾織　はい。調べていただいて結構です。

花田紀凱守護霊　ああ。

4　守護霊同士による〝スクープ合戦〟

花田氏守護霊の意外な思惑《おもわく》とは

綾織　まあ、ここまでおっしゃっていただいたのでお伺《うかが》いしたいのですが、幸福の科学に入り込《こ》んで、何を狙《ねら》っているのでしょうか。

花田紀凱守護霊　それは大スクープが……。

綾織　はい。

花田紀凱守護霊　もしだよ。まあ、『大川総裁の読書力』っていう本を、うまいこと、口車に乗って書いてくれたけど、もしこれからボロッと出て、「実は霊言《れいげん》なるものは、九十パーセント、自分の頭で考えてつくっているものだった。十パーセントだけは、その人のしゃべり方とかを、テレビに出たやつや、いろいろなものを見て、隠《かく》れ技《わざ》というか、腹話術《ふくわじゅつ》や、何て言うの、人の物まねができるような隠し芸としてやれる習慣が過去からあった。それを隠していて言ってないだけであった」という場合、（大スクープが）成立する可能性があるからね。

綾織　いやいや、その問いは、あなたにお返しします（笑）。

花田紀凱守護霊　あ、そうか。私は知ってるか。

綾織　知っています（笑）。

花田紀凱守護霊　でも、私が守護霊のふりをして、大川隆法が腹話術風に、私の守護霊のまねをしている可能性があるわ。

綾織　いえ、どうなんですか？（笑）

花田紀凱守護霊　これ、複雑だよ。こういうのを暴《あば》く映画なんて、いっぱいあるじゃないですか。

綾織　いや、実際、どうなんですか？　正直に言えば、あなたは、どういう……。

花田紀凱守護霊　「実際、どうなんですか」って、それは、私の言葉なんか書いてある本はありませんよ。だって、あなたがたの質問によって答えが変わるんでしょう？　こんな本があるわけないじゃないですか。

綾織　はい。

花田紀凱守護霊　まあ、もちろんない。ないけども、とにかく今日のですね、私のメインの課題はねえ、「バカだと思われないように逃《に》げ切ること」が、いちばん……。

斎藤　それがメインの課題ですか。

花田紀凱守護霊　メインの課題は、私をバカだと思われないように……。

斎藤　バカだと思われないことですね？

綾織　その部分は大丈夫《だいじょうぶ》ですよ。地上のご本人も尊敬申し上げていますし。

斎藤　ええ、立派な方ですから。

花田紀凱守護霊　いや。でも、この世的には〝あれ〟でも、宗教的にはバカだとか、どこの宗教の人が見てもバカだっていう判定もありえるからね。ここのところは一つ守らなきゃいけないし、あんまり、今日は、「実は狂信的信者《きょうしん》だった」みたいなことで、同業者からレッテルを貼《は》られないようにはしなきゃいけない。そういう意味で、失言は命取りになるので、ここは気をつけなきゃいけない。

綾織　なるほど。そうですね。

花田紀凱守護霊　綾織っていう人間は、もしかして、ものすごい悪い人間だった場合も、一つは、やっぱり……。

綾織　ああ、なんか陥《おとし》れているかもしれないですね（笑）。

花田紀凱守護霊　もう、私がやろうと思ってる、それに輪を掛《か》けたほど悪い人間で、「W・iLL《ウィル》」丸ごと渦《うず》巻きに巻き込んで落としてしまうほどの悪さがありえる。「W・i

ＬＬ」を経由して、「週刊文春《ぶんしゅん》」や「週刊新潮《しんちょう》」まで全部、奈落《ならく》の底《そこ》に引きずり込んでいこうというところまでの戦略性を持っている可能性がないわけではないので。まあ、その知力も、やっぱりよく読まないといけないわねえ。

綾織　なるほど。

花田紀凱守護霊　シャーロック・ホームズ的な頭を持っていたら、やられる可能性があるじゃないですか。

「守護霊」の話題をはぐらかし続ける

饗庭　例えば、実際、どうなのでしょうか。

花田紀凱守護霊　何が？

饗庭　守護霊様でいらっしゃいますから、けっこう人の心を……。

花田紀凱守護霊　いや、分からないよ。守護霊と、まだ認定できてない。

饗庭　守護霊ではない可能性もある？

花田紀凱守護霊　いやいや、そうは言わない（会場笑）。

斎藤　どっちなんですか（笑）。

花田紀凱守護霊　だけど、守護霊には、油揚《あぶらあ》げで釣《つ》られるような守護霊もいれば、交通事故で死んだ人とか、じいさん、ばあさん、飼い猫《ねこ》や飼い犬までいて、それほど守護霊の定義の枠《わく》にはいっぱいあるからね。

綾織　うん、うん。

花田紀凱守護霊　だから、いろいろな意味がある。「憑《つ》いているものは、みんな守護霊」っていう場合があるからね。背後霊《はいごれい》みたいなものとかさあ。

饗庭　でも、ご本人は、動物霊ではないですよね。

花田紀凱守護霊　そうではないと思うよ。たぶん。

饗庭　ええ。いわゆる「悪霊《あくれい》」というような、取り憑いて人を不幸にする感じでもないですよね。

花田紀凱守護霊　いや、それは分からない。君たちの価値判断によるから、悪霊かどうか、それは分からない。

饗庭　ご本人の自覚としてはどうでしょうか。

花田紀凱守護霊　自覚としてはねえ、やっぱりジャーナリズム自体が「原罪《げんざい》」を背負ってる生活形態だよな？　それは、やっぱり、「人の不幸」を飯《めし》のタネにして飯を食ってるっていうことは、みんな自覚してるよ。俺《おれ》たちも含《ふく》めて、いろんなことをね。

過去、私たちって、そういう華《はな》やかな時代、文春をナンバーワンにした時代もあったけど、その陰《かげ》で泣いた人は確かにいるはずなんですよ。絶対にいるわけだから、彼らの「恨《うら》み」は、やはり買ってる。「自殺した人」なんかもいるでしょうけども、遺《のこ》された家族とかいろんな人の「恨み」を買ってる可能性はある。

その意味では、自分が自覚してなくても、「神仏の眼から見て悪人」っていう判定は、ないとは言えないわね。

饗庭　なるほど。そうすると、地上におられる花田編集長のことを、なるべく地獄《じごく》に堕《お》ちないように守ってやらないといけないと……。

花田紀凱守護霊　いや、そんなことはね、全然思ってないんですよ。

饗庭　全然思っていない？

花田紀凱守護霊　ええ。私は、まったく、そういうのに無関心なんですよ。もう「堕ちるんなら堕ちたらいい」と思ってるんですよ。

斎藤　ほう。

花田紀凱守護霊　堕ちても堕ちなくても、どっちでも……。

斎藤　冷たいですねえ（笑）。

花田紀凱守護霊　いや、それはねえ、自己責任ですよ（会場笑）。それはそうでしょう。自己責任ですよ。

綾織　でも、地上の本人が堕ちてしまうと、やはり影響《えいきょう》を受けて、あの、やっぱり、苦しくなると思うんですよね。

花田紀凱守護霊　いやあ、堕ちたらねえ、地獄の調査をする義務があるでしょう? やっぱり、ジャーナリストとして。

綾織　ああ、行ってこいと?（笑）

花田紀凱守護霊　それは当然、フィールドワークっていうのは大事なことですから。行ってこないと本当か嘘《うそ》かが分からんじゃない?

綾織　でも、気持ちは通じてしまうので、自分も苦しんでしまうことがありますよね。

花田紀凱守護霊　私は、地獄について、もうちょっと詳《くわ》しい描写《びょうしゃ》が欲《ほ》しいなあ。君らの霊言の不足しているところはねえ、ちょっとパターンが少なすぎる。地獄はもっと、多様でなきゃいけないと思うんですよ。いろんな職業がある以上。

綾織　なるほど。

花田紀凱守護霊　それと、いろいろな人間の種類がある以上、松本清張《まつもとせいちょう》のは読めないかもしれないけれども、「悪人たちの種類」は、たくさんあるよ。
　だから、「悪の手口」もたくさんある。その手口がたくさんあるぐらい、地獄の数もいっぱいあっていいはずだけども、まだ地獄の分類が、十分には……。いや、これはもう、百も二百ものトリックを考えれる人から見れば、足りないんじゃないかなあ。

「地上の本人」に取材のアドバイスをしている花田氏守護霊

綾織　ご自身は、地獄に行って調査されたりしているのですか。

花田紀凱守護霊　私？

綾織　はい。

花田紀凱守護霊　私は地獄には行かないけど、地獄霊が憑いている人の取材をいっぱいやってるから。

綾織　ああ、ご自身（守護霊）も取材をされている？

花田紀凱守護霊　だから、やっぱり、（地上の本人が）取材をするじゃないですか。

まあ、善人もいるけども、善人なんか、たいていの場合、取材対象としては、実に売れないものが多いから。やっぱり「悪《あく》」だね。「悪」がチラッと見えたときが、やっぱり取材意欲が湧《わ》いてくるときだよね。

綾織　ほほう。ご自身もアプローチをしていくわけですね。

花田紀凱守護霊　そうそう。だから、地上の本人（花田氏）は、（取材対象の）生きてる本人とは話をしようとするけど、もちろん邪魔《じゃま》もいっぱい入るし、秘書だとか、その他、会社の人だとか、いろいろな人がブロックをかけてきて、当然、悪いやつほど会えないようになってる。

だから、守護霊である私が、直接、入れるところなら入っていって、やっぱり善悪を俺なりの感じで、「これは黒だなあ」とか、「これは深入りすると危ない筋かなあ」とかね。こういう勘《かん》は、俺なりに持って（地上の）花田をつつく。

綾織　ああ、なるほど。

花田紀凱守護霊　それで、「よし、行け！」と「GO《ゴー》！」を言って、本人とパパーンと火花が散るように行ったとき、火打ち石みたいにパパーンと行ったときには、「GO！」でやっちゃうわけね。

綾織　ほほう。では、守護霊さんが、きちんと下準備というか、調査をやって仕事をされる、と。

花田紀凱守護霊　いちおうねえ。いや、君らのことを責める理由は本当はないんだよ。俺もやってるからね（会場笑）。

まあ、俺もやってるけど、花田のほうが、明確にそれを言葉としては受け取れないだけであって、俺も、いちおう取材対象については、実際に調査に入ってるわけよ。

綾織　同じですね。

花田紀凱守護霊　一緒《いっしょ》です。だから、国税庁の調査と変わらない。もう、事前にいろいろ調べて、「人の出入《でい》りがこのくらいだから、一日の売り上げはこのくらいで、たぶん年収はこのくらいあるはずだから、脱税《だつぜい》予想はこのくらい」みたいにやるじゃないですか。

綾織　はい。

花田紀凱守護霊　まあ、だいたいねえ？　見たら分かるじゃん。一日見てたらだいたい分かるでしょう？　そうやって収入まで予測する。

それと同じようなもので、こちらのジャーナリストの守護霊なるものは、だいたい、「相手の悪質度」とか、「本当は、どの程度の悪《わる》を裏でやっているか」とか、このへんのところの勘所《かんどころ》？

それから、「落としどころは、どのへんあたりか」とか、「ここまでやって、ここらへんまでやると、ヤクザをつけて逆襲《ぎゃくしゅう》をかけてくる」とか、そのへんの見極《みきわ》め？　だから、「逃げるべきポイント」とか、「ここで逃げろ！」とかいうあたりの、その見切りのサインは出すね。

守護霊特有の取材方法を明かす

斎藤　それは、自分でスパイのように潜《もぐ》り込んでいってウオッチするのですか。

花田紀凱守護霊　スパイというか、（地上の）本人がグーッと関心を持てば、霊的には、自分たちも自動的に、そちらへ取材に行っちゃうじゃない。

斎藤　つまり、その場所に意識を特定すると……。

花田紀凱守護霊　「この人」ということで関心を持つとね。

だから、大川総裁に関心を持てば、私も当然、総裁のところへ送られようとするわけだけども、ブロックがあるわけよ。すごい「結界《けっかい》」が張ってあるから。

当然、君たちも用心していて、結界が張られてるので、そう簡単に取材はできないでしょう？　だから、結界に楔《くさび》を打ち込まなきゃいけないわけで、どこかに隙《すき》がないかを、ずーっと見て回るわけよ。

斎藤　ほう。

花田紀凱守護霊　だから、「欲」があるところ？　「欲」があるところに隙ができるからね。どこに、幸福の科学が「欲」を持っているか。その「欲」のところに割れ目がちょっとできると、そこから入れるからさあ。

斎藤　（笑）泥棒《どろぼう》が入るようなイメージがありますが、そんな感じなのですか。

花田紀凱守護霊　まあ、そうなります。基本的にはそうなんですけど、ただ、こうして、これだけ結界を張ってるっていうのは、やっぱり宗教独特の〝あれ〟しかないので。

斎藤　入れないのですね?

花田紀凱守護霊　まあ、政治家とか独裁者とかでも結界はありますけどね。ただ、ここの結界は、われわれから見ても、そうとうなものです。そうとうの結界が張ってある。

まあ、総裁自身の結界があるけども、総裁を周りの人たちの……。

斎藤　ああ、弟子《でし》の〝壁《かべ》〟ですか?

花田紀凱守護霊　「宗務《しゅうむ》本部の結界」があって、その周りに「総合本部結界」があって、さらにその周りに「支部や精舎《しょうじゃ》を含む職員たちの結界」が、三重目にある。

斎藤　それが見えるのですか？

花田紀凱守護霊　ええ、そうですね。「宗務本部結界」、それから「総合本部結界」、さらに「精舎・支部結界」があって、次に、「熱心な信者の結界」がもう一つあって、これが四重目の結界で……。

斎藤　はあ。

花田紀凱守護霊　うん、そこに「熱心信者の結界」があって、その周りに、結界とまでは言えないかもしれないけど、うっすらとした信心《しんじん》だけれども、やっぱり支持してる人たちのうっすらとした、まあ、応援《おうえん》する〝波動〟みたいなもの？　例えば、シンパの言論人とかいるでしょう？　あなたがたのね。やっぱり、こういう人たちの、何て言うか、応援してる波動みたいなものが、その外側にある。
これを攻撃《こうげき》しすぎると、こういう言論人たちが、そっぽを向いて逃げるかもしれないっていう、こっちに不安が起きる部分？　この部分もいちおうブロックになるから、結界ではあるね。
だから、こういう結界を全部破っていかなきゃいけないので、それは難しいです。

斎藤　これは、〝光の壁〟のようなものなのですか。

花田紀凱守護霊　うん、そうだね。総理大臣官邸《かんてい》に潜り込むより、はるかに難しいです。あちらのほうが簡単です。もっと簡単に入れます。

総理官邸《かんてい》で繰《く》り広げられる「守護霊決戦」？

斎藤　総理大臣の官邸《かんてい》も入ったことがあるのですか。

花田紀凱守護霊　入れますよ。いちおう入れます。いちおう入れますけど、まあ、何にも考えてない人からは何も盗《ぬす》めないっていうことも……。

斎藤　ああ、「考えていること」を盗むのですか。

花田紀凱守護霊　そうです。もちろんそうです。

斎藤　「考え」って、盗めるのですか。

花田紀凱守護霊　もちろん盗めますよ。

斎藤　どうやって？

花田紀凱守護霊　ああ、いちおう、盗めます。まあ、能力に差はあるけども、例えば、安倍《あべ》さんなら安倍さんの、過去やってきたこと、まあ、二回、総理をやってますからねえ。やってきたことと、発言したこと、あるいは、書いたものや、話したこと等から見て、推測は、もう立ちますから。「こういうことに対しては、こういうふうに考えるだろうな」っていうことはね。それで、「今は、何で迷ってるだろうか」っていうことも、推測が立つじゃないですか。あとは、覗《のぞ》きに行って、「どう思っているか」を……。

斎藤　なるほど。

花田紀凱守護霊　やっぱり、それは、私だけじゃないですよ。もう、いろんなジャーナリストが……。

斎藤　ジャーナリストだらけですか?

花田紀凱守護霊　もう、ジャーナリストの守護霊の、「守護霊大会」なんですよ、これ。

斎藤　「守護霊大会」みたいなものが起きているのですか。

花田紀凱守護霊　守護霊の〝決戦〟みたいな……。

斎藤　目に見えない世界で、守護霊決戦が行われているのですね？

花田紀凱守護霊　うん。だって、どれだけ霊力《れいりょく》が強いか、競争して……。

斎藤　それで盗《と》っちゃうんですか。

花田紀凱守護霊　いや、普通《ふつう》は、大手がシェアを取っていて、なかなか入りにくいんだけども、まあ、私ぐらいのキャリアがあると、その隙に入り込めるものはある。

斎藤　ネームバリューで？

花田紀凱守護霊　まあ、いちおう、過去の、ジャーナリストとしての実績から見て、顔パスしちゃうところはある。

斎藤　顔パス？

花田紀凱守護霊　うーん。

斎藤　はああ！　すっごく驚《おどろ》きました。

慈悲《じひ》の心が芽生えつつある花田氏守護霊

饗庭　そうしますと、ご自身でつかまれた、「これはスクープになるぞ！」という内容等を、地上にいる花田編集長に送ってあげて、それで、先ほど、おっしゃったように、パシーッと、火打ち石のように、「そうだ！」となった場合、いい記事が書けて「WiLL」の売り上げも伸《の》び、地上にいる花田編集長も、いちだんと成功しますよね？

花田紀凱守護霊　うん。

饗庭　それは、守護霊としての成功というか、願いというか、そうしたものになるわけですね？

花田紀凱守護霊　うーん……。まあ、仕事だからねえ。割り当てられてるから、してるけど、それでも、やっぱり、年齢《ねんれい》と経験によっては、何て言うの？　テイストが変わってくるんだよな。

だから、今の、「みのもんたの息子《むすこ》が悪さした」みたいなのは、今日の「週刊新潮」や、「週刊文春」も、やってると思うけど、俺なんかから比べれば、編集長は若いからさ。あんなので追い落として、テレビから降ろしたら面白《おもしろ》くて、しょうがないだろうけども、俺ぐらいの年になってくると、ちょっとだけ物足りないんだよなあ。

なんか、思想性がないしさあ、よくある話だからね。はっきり言えばね。「有名人のどら息子」なんて、よくある話だ。ちょっとだけ思想性がないのと、気の毒な感じはある。

まあ、君らの本を読んだのが仇《あだ》になって、災《わざわ》いしちゃってさあ、何だか少し、「慈《じ》悲《ひ》」だとか、そんなのが入ってきちゃってるので、「少し、やりすぎかなあ」みたいなのを感じることが、最近、増えてきたのでね。

斎藤　総裁の本を読んで、慈悲が入ったのですか。

花田紀凱守護霊　うーん、ちょっとだけねえ。

斎藤　影響されてしまいましたか。

花田紀凱守護霊　なんか、「むごいかなあ」っていうの？　「息子が悪さしたぐらいで、何で親父《おやじ》が辞《や》めなきゃいけないのか」っていうあたりかな。まあ、お詫《わ》びぐらいはしてもいいけど、そんな、成人した息子の不祥事《ふしょうじ》みたいなのは、親父が監督《かんとく》できるわけないじゃないねえ、いくら何でも。あとは、「育てた責任」ぐらいでしょう？　そうは言っても、個人としては、自由人だからねえ。やっぱり、「気の毒かなあ」ってなる。

それから、あと、編集方針で見れば、「雅子《まさこ》さま攻撃」を一生懸命《いっしょうけんめい》やってるかと思えば、次は、親父さんのねえ、小和田恆《おわだひさし》さんか？　まあ、「国際司法裁判所の判事を延々と辞めないで、長くやってる」と攻撃してるけど、次は、間接攻撃だよね。裏側の攻撃をやってる。
あのあたりを見てても、なんか……、うーん、君らの本を読んだのが、まずかったのかもしれないけど、なんか、憐憫《れんびん》の情みたいなのが、少しは湧くんだよなあ。

綾織　なるほど。

饗庭　でも、実際、「ＷｉＬＬ」は、今、保守系の雑誌のなかでも、いちばん売れているではないですか。

花田紀凱守護霊　いやあ、そんな、売れてるうちに入らないよ、君。
君（饗庭）のが出たときだけ、「もっと売れるかな」と思ったんだけどなあ。そんな、大した影響力はなかった……。

饗庭　いや、でも、論考を載《の》せていただいた8月号については、「倉庫が空《から》になった」

というふうに、お礼を頂きました。

花田紀凱守護霊　いやあ、君が、もうちょっと偉《えら》かったらなあ、号令を出せるんだろう？　だから、「みんな、俺のも、全国でちゃんと、五万部買え！」とか、「十万部買え！」とかぐらい言えるんだろうけど、まだ、それだけ力がない。残念だなあ。

饗庭　はい。また、力をつけさせていただいて……。

花田紀凱守護霊　やっぱり、党首を簡単に手放しちゃいけなかったんだよ、君ぃ。

斎藤　（苦笑）だんだんだんだん、引きずり込むような、何か〝波動〟が……。

花田紀凱守護霊　最初の党首。あれ、よかったんだよ、君。あれでよかったんだ。しょせん、飾《かざ》りなんだから。

だけど、中身を使おうとしたところに間違《まちが》いがあったんだよ。君の考える政策で勝負しようなんて思ったところで、〝崩壊《ほうかい》〟が始まったんで……。

饗庭　いえいえ。

花田紀凱守護霊　もう、まったく空っぽで、顔だけで勝負！　あのポスターだけで仕事をして、あとの中身は、「よきに計《はか》らえ」と。あるいは、「総裁、どうぞ、書いてください」と。これで通せばよかったのに、君ねえ、仕事をしようと思ったから失脚《しっきゃく》したんだよ。

饗庭　なるほど。

花田紀凱守護霊　あれは非常に残念だった。

饗庭　ええ。

花田紀凱守護霊　惜《お》しい！　実に惜しい！

5　花田編集長の「過去世《かこぜ》を探《さぐ》る旅」

一般《いっぱん》の人には守護霊霊言《れいげん》が捏造《ねつぞう》に見える？

綾織　あの、すみません。

花田紀凱守護霊　え？　え？　ああ、話がずれたかな？（会場笑）

綾織　「『守護霊とは何か』講義」でございまして……。

花田紀凱守護霊　あ、そうです、そうです。
守護霊の仕事について、今、話してるんだよ。

綾織　はい、はい。

花田紀凱守護霊　ちゃんと……。

綾織　それで、ちょっと教えていただきたいのですけれども、守護霊というのも、いろいろな過去世《かこぜ》がありまして……。

花田紀凱守護霊　うーん、うん！

綾織　幸福の科学の教えのなかでは、「本体一、分身五」ということで、転生《てんしょう》の経験を共有して、一体となって存在すると……。

花田紀凱守護霊　いやあ、そのへんのは、俺《おれ》は……。いやあ、そのへんがねえ、もう、もう、もう、無理無理無理無理無理……。一人にして。

魂《たましい》の兄弟と守護霊《しゅごれい》の仕組みとは

原則《げんそく》として、魂は六人で一組になっている。
リーダー役の霊を「本体」、ほかの五人を「分身」という。
それぞれ、生まれた時代は異なり、違う意識を持っている。

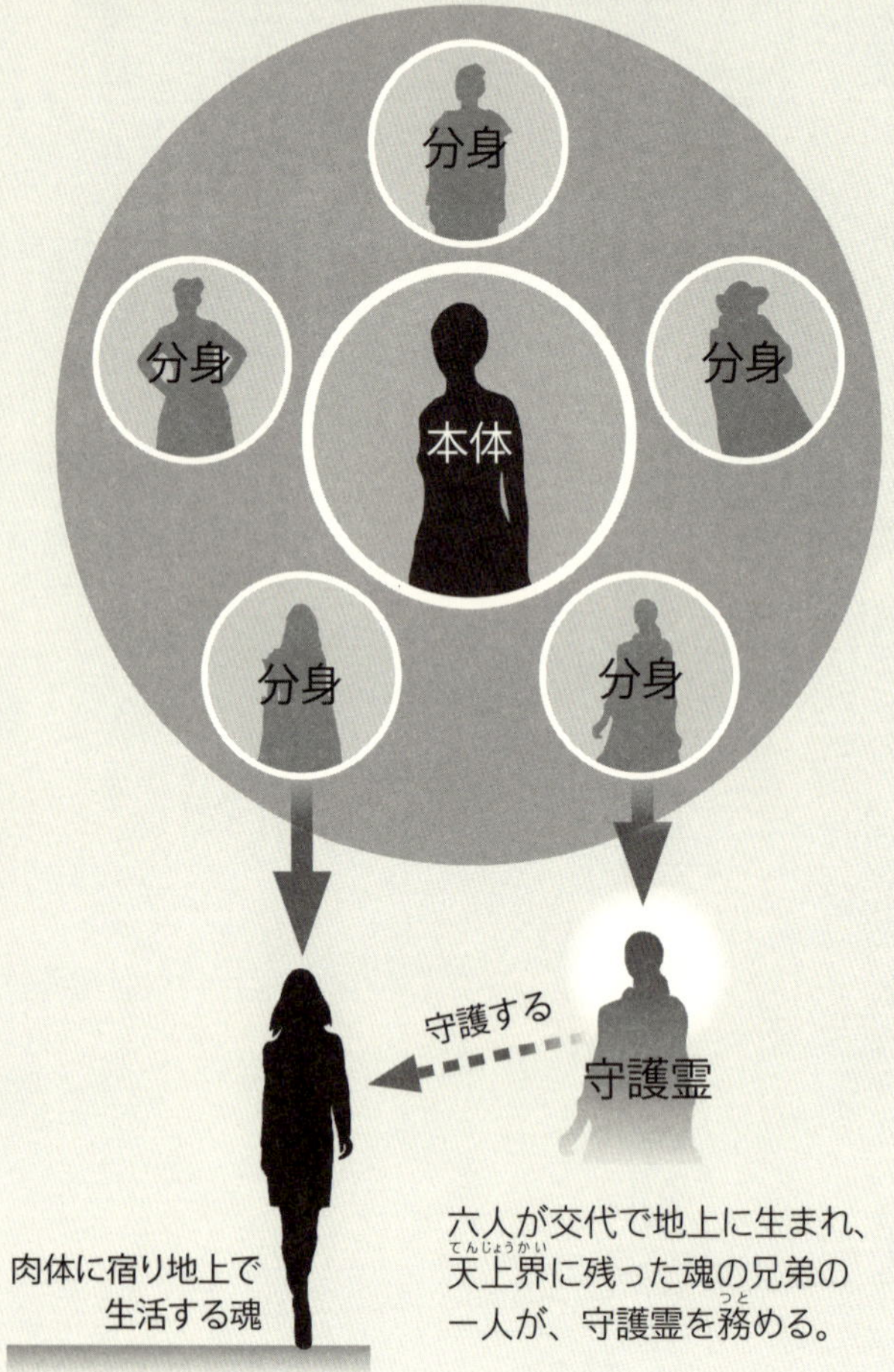

綾織　（笑）

花田紀凱守護霊　いやあ、一人ならまだ理解が……。増えるのは駄目《だめ》。分からなくなるから。

綾織　はいはい。ここは分かりにくいところだと思いますが、実際に、「魂《たましい》の兄弟」と言われる人とは、普段《ふだん》、何か……。

花田紀凱守護霊　いやいや、思想調査かあ。とうとう始まったかあ。

いやあ、これはねえ、君、やっぱり無理だよ、基本的に。「死んだ人が出てきて霊《れい》言《げん》する」っていうのは、まあ、歴史的にいろいろあるから、可能性としてはある。嘘《うそ》でなければね。

だけど、「守護霊の霊言」っていうようなかたちで、明確にここまで人間性を持って意見を持ったものを出した人は、いないんじゃないかと思うんだよね。

綾織　そうですね。

花田紀凱守護霊　その意味では、「新規開拓《かいたく》」に当たるわけだけど、一般《いっぱん》の人から見れば、〝捏造《ねつぞう》〟に見える可能性が極《きわ》めて高い。要するに、現代に生きている人のものだったら、情報量が多いじゃないですか。ねえ？　昔の人だったら、情報量は、もう特定されてくるけど、現代の人だったら、情報がもうちょっといろんなかたちで取れるからね。

その人を詳《くわ》しく知っている人とか、いろんなところから情報を取るのは、われわれもやっていることだから。間接的にずーっと調査してても、記事が書かれるまで本人は気がついていないっていうケースは、けっこうあって、いきなりポッと出るからね。だから、事前に調査して、信者まで派遣《はけん》してやったら、一般の人としてけっこう近づけるからさあ、そういう非公式情報まで取れる宗教もあるとは思うんですよ、世の中には。
「守護霊霊言」っていう場合は、そういう意味でのクレディビリティー（信憑性《しんぴょうせい》）っていうのは、極めて証明しにくいものではないかと思うんです。
それに、さらに昔の、「魂の兄弟がいて、どうのこうの」になってくると、その関連性のところは、実に説明が難しい。

綾織　そういう、「調査をやって情報を集めて、霊言のかたちにする」というのは、年に数回ぐらいの守護霊霊言だったら成り立つのかもしれませんが……。

花田紀凱守護霊　うーん、なるほど。

綾織　何日かに一回とか、二日に一回とかのペースで行《おこな》っていますので。

花田紀凱守護霊　いや、私だって、これを録《と》られて、「花田紀凱の守護霊霊言」が出て、本人が読んだら、「うん？　そういえば、一カ月ぐらい前に、『リバティ』編集長と接触《せっしょく》し始めたころから、周りに、ちょっと不思議な感じの人が、いろいろとウロウロしていたような気がするなあ」とか、やっぱり、そういうふうに感じるもんですよ。「もしかしたら、社内に〝モグリ〟がいるかもしれない！」とか。

綾織　それでも、「本人しか分からない部分」というのが、やはり、守護霊霊言のなかには出てくるわけですよ。

花田紀凱守護霊　「W《ウ》i《イ》L《ル》L」編集部のなかに、隠《かく》れ信者が潜《もぐ》り込《こ》んでいたり、あるいは、君たちが送り込んでいたりする可能性だってあるじゃないですか。ねえ？　採用されて入ってて、黙《だま》っとれば分からないから。

もし、隠れ信者を、戦略的に何年か前から準備して、「花田の（守護霊霊言）をやってやろう」と考えて送って、不用意にいろいろしゃべったことを聞いていて、その情報が入っていたら、どこにも書かれていないものまで出てくる。

綾織　でも、ほとんどの守護霊霊言は、生きている本人が、やはり、いちばんびっくりするんですよね。

花田紀凱守護霊　うーん、まあ、そのへんがねえ。「釈量子《しゃくりょうこ》の守護霊霊言《れいげん》」は、裏の裏をかいた〝荒技《あらわざ》〟か

斎藤　最近、釈量子《しゃくりょうこ》・幸福実現党党首の守護霊霊言《れいげん》を行いました（『釈量子の守護霊霊言』〔幸福実現党刊〕参照）。

花田紀凱守護霊　うん。あれがいちばん〝復讐性《ふくしゅうせい》〟が高いんじゃないかねえ。あれは、裏の裏をかいたんだろう？　実は。

斎藤　いやいや。あれはですね、本人しか知らない「心の声」が、なぜ分かるのか。

特に、「結婚《けっこん》」というキーワードだったのですけれども、「結婚するなら釈量子」という……。

花田紀凱守護霊　いやあ。普通は、自分のところの党首だったら、いい評判が立つようなものを書くわねえ。普通だったら、フィクションとしては。

斎藤　はい。

花田紀凱守護霊　ところが、わざとだねえ、美女で売り出そうとしているのに、美女からは最もほど遠い、美女と野獣《やじゅう》の「野獣」のほうを出してきたっていう、あの手はねえ、なかなかの〝荒技《あらわざ》〟だね。

斎藤　でも、それは真実なんです。

花田紀凱守護霊　〝二重底〟だ。これはすごいと思う。

斎藤　いやいや、これは本当に、彼女の潜在意識《せんざいいしき》の声なんです。彼女がうれしいかどうかは、ちょっと別にして。

花田紀凱守護霊　いやあ、それはね、あえてねえ、自分のところの党首を、「どうせ、何人出したってみんな落ちるから構わん」と思って、〝消耗品《しょうもうひん》〟と考えて出してる可能性もないわけではない。大川隆法って、それくらいの悪《あく》が、もしかしたら心の底に眠《ねむ》っている可能性は……。

綾織　いえいえ。そんなことはないです。

斎藤　なんか、まずいほうに行っちゃったので、少し話題を戻《もど》して……（苦笑）。

花田紀凱守護霊　いやあ、あれは非常に怪《あや》しい。ほかの人は、もっと本人らしいんですよ。ほかの政治家のほうは本人らしいのに、あれだけは、極端《きょくたん》に離《はな》れ……。

綾織　いや。でも、あれは非常に「本人らしい」ですよ。

花田紀凱守護霊　うん？

斎藤　ほら、（綾織に向かって）だんだん本音が出てきました。公開の場では本音で行きましょう。ここは「真実の場」ですから。

花田紀凱守護霊　じゃあ、もう、党首は男装して出なさい、男装して。男装して出たらいい。

綾織　それもいいかもしれません。ちょっと言いにくいのですけれども、党首は、非常にパワフルで、突《つ》き進んでいくタイプです。

花田紀凱守護霊　いやあ、あれで票が入ると思っている人が、本当にいるんだろうかっていう……。

綾織　でも、「頼《たの》もしい」と思う人はたくさんいますので。

花田紀凱守護霊　幸福実現党という党は、あれで票が入ると思っているんですか。

綾織　ええ。あのキャラで行けると思います。

花田紀凱守護霊　いやあ、実は、「政党を〝生贄《いけにえ》〟にして、幸福の科学のほうの信者を増やそう」と思っていて、隠れた狙《ねら》いは、そっちのほうにあるんじゃないかという気がするんだ。

綾織　いえいえ。政治は政治で、目的を持ってやっていますので。

花田紀凱守護霊　そうかねえ。いやあ、あれは〝二重底〟で、ちょっと、大川隆法っていうのは、ルパン三世を超《こ》えるような知能犯じゃないかという感じも若干《じゃっかん》するなあ。

「魂《たましい》の兄弟」の話をするなら、〝花田教〟を立宗《りっしゅう》したい？

綾織　ちょっと、ご自身のお話に戻したいのですけども。

花田紀凱守護霊　あ、そうだ。自分の話。

綾織　過去世《かこぜ》の姿である「魂《たましい》の兄弟」には会ったことがあるわけですよね。

花田紀凱守護霊　いやあ、それを言ったら、今日、最初に原則を、私は三つほど言いましたが、そのうちの一つに触《ふ》れる可能性があるんですよ。

綾織　では、幸福の科学の教えに絡《から》まなくても結構ですが、そういう、意識を共有するような存在はいるのでしょうか。

花田紀凱守護霊　いや、だからねえ、ほかの幸福の科学のシンパの人に訊《き》いてもだねえ、「『過去世がある』というのは、転生輪廻《てんしょうりんね》の思想があるから理解はできる」と。ただ、同じ人が生まれ変わるというのは、非常に分かりやすいんだけど……。

綾織　「単独で」ですね。はい。

花田紀凱守護霊　それぞれに生まれて、それはそれで霊界《れいかい》に存在しておって、また新しいのが生まれていって、「それが、本人と同一人物だ」と言われるのは、これはちょっと、さすがに理解できないっていう人が、やっぱり八十パーセントぐらいはいるねえ。

綾織　では、ご自身が、今、霊界で経験している内容としては、そういう……。

花田紀凱守護霊　いや。これに答えたら、私は、〝踏《ふ》み絵〟を踏まされることになるんだよなあ。

まあ、過去世はあるかもしれないけども、その過去世というものがあったとしても、それが、「そういう個別の個体として存在して、複数いながら同一人物だ」っていうことについて、私に「講義しろ」というのは、これは酷《こく》な話だ。これをするんだったら、私は、〝花田教〟をつくりますよ。もう立宗《りっしゅう》ですわ。本日が立宗記念日です。もう、やります。

綾織　ええ、そちらの方向でもいいと思うんですけども（会場笑）。

花田紀凱守護霊　ええ。教祖になるほうがいいよ。

なかなか正体を明かそうとしない花田氏守護霊

綾織　まあ、単独でもいいんですけども、あなたご自身は、どういう経験を地上でされましたか。

花田紀凱守護霊　それ、調査が始まった。

綾織　これは、「守護霊とは何か」というテーマのなかの一環《いっかん》ですので。

花田紀凱守護霊　いやあ、あんたみたいな〝覆面《ふくめん》調査官〟に、そう簡単にやられてはならないんだとは思うんだけどなあ。

綾織　いえいえ。今、もう、すべて明らかにしていますので。

斎藤　先ほどのお話にありましたように、「男性向けと女性向けの二本の柱を立てて、マーケットを広げていく」という発想が……。

花田紀凱守護霊　うん？

斎藤　男性と女性。

花田紀凱守護霊　うん？

斎藤　「週刊文春《ぶんしゅん》」などは、普通、男性サラリーマン向けのものをガーッとやるのに、なぜ、そこで女性のほうにグッと踏み込んでマーケットを広げようとしたのですか。

花田紀凱守護霊　やっぱり、高学歴女性が増えて、女性の社会進出を応援《おうえん》するっていう方針を国もピシッと出して、一九八六年に「男女雇用《こよう》機会均等法」が出たあたりから、「女性も、男性と同じようなビジネス教養や社会人教養を持たなければいけない」という感じにね。まあ、昔は、「女性は新聞を読む必要はない。ニュースを見る必要はない」っていうのは、それはそうだったですよ。昔はね。私らの子供時代からそうでしたけどもね。

そういう雇用均等法が施行《せこう》されたのが八〇年代の後半ですが、その当時から見れば、大卒女性も増えてきていますので、男性と同じような情報を欲《ほ》しがる女性も増えてくるだろうけども、やっぱり、女性なりに、関心がちょっとだけずれる部分がある。要するに、本当は女性誌が特集したいようなやつを男性誌にあえて持ってくる部分かなあ。そのへんは、ちょっとだけテクが要《い》ると思うんだけどね。

斎藤　そういう発想は、いつ湧《わ》いたのですか。今、花田編集長本人は地上に生きておられますけれども、そうした社会を見て思ったのでしょうか。それとも、その前から思っていたのでしょうか。つまり、いろいろな「過去世の経験」で、政治的な立場にいて……。

花田紀凱守護霊　うーん、君、厳しいなあ。

斎藤　いや、そういう俯瞰《ふかん》的な視点を持っているということは、そういう過去世を持っているはずじゃありませんか。

花田紀凱守護霊　君、厳しいなあ。

斎藤　いいじゃないですか、言っちゃっても。もう、〝花田教〟をつくりましょうよ、早く。

花田紀凱守護霊　君ねえ、編集の責任者として、女性誌（「アー・ユー・ハッピー？」〔幸福の科学出版刊〕）も出してんじゃないの？

斎藤　出していますよ。

花田紀凱守護霊　じゃあ、君は、女性についての関心もあるわけだ。

斎藤　ありますよ、ものすごく。関心を深く、強く、広く、高く持っていますので。

花田紀凱守護霊　女性としての経験も、きっとあるわけだ、君には。なあ？　きっとなあ。

斎藤　はい。じゃあ、花田編集長の守護霊様も持っているんでしょう？

花田紀凱守護霊　（絶句）

斎藤　ほらあ。

花田紀凱守護霊　く、苦しいなあ。

斎藤　苦しいところで、早く楽になりましょう。時間もないので、さあ、早く。

花田紀凱守護霊　あのねえ、私は、「アウシュビッツのガス室はなかった」という、そんなのを書いて、非常に恥《はじ》をかいたこともあるわけだけど（注。「マルコポーロ」一九九五年二月号の特集記事がユダヤ人団体から抗議《こうぎ》を受け、廃刊《はいかん》となった）、君ら、「従軍慰安婦《じゅうぐんいあんふ》はなかった」とか、「南京大虐殺《ナンキンだいぎゃくさつ》はなかった」とかやってるじゃない？　だから、取り潰《つぶ》されてもいいのに、全然そうならないじゃないの。私なんか、あれ一つで廃刊になったんだからさあ。いやあ、フェアでないんじゃない？　「宗教だったら言いたい放題」っていうのは。

斎藤　逆恨《さかうら》みみたいなことを言わないでください。それは、八つ当たりとか、そちらのほうですね。

花田紀凱守護霊　宗教だったら、証拠《しょうこ》がなくても言いたい放題。

斎藤　そういう発想はよくないですよ。

花田紀凱守護霊　え？「霊に聞きました」っていう、私もそれが使えたらよかったなあ。「アウシュビッツで死んだ人の霊に聞いたのですが、（ガス室は）なかったとのことです」とか言えばねえ。

戦国時代の意外な過去世《かこぜ》

綾織　あのー、先ほど……。

花田紀凱守護霊　ええ？

綾織　「官邸《かんてい》に入り込む」とか、「幸福の科学に入り込む」という話がありましたけれども、過去に、その手の仕事をされていたのですか？

花田紀凱守護霊　ウッ！

斎藤　これはすごい。

綾織　得意ですか。

斎藤　今の反応、顔の引きつり度がすごく高かったですよ。筋肉の動きが微妙《びみょう》で、「ほうれい線」がビビビッと動いたのを、今、見ましたよ、私は（会場笑）。

これは、かなり深いところに入っています。出てきました！　深いところからだんだん出てきました。思い出してください。はい、深呼吸をしてー（会場笑）。

花田紀凱守護霊　（頭の後ろに手を当てて、首をかしげ、困った表情をする）

斎藤　大丈夫《だいじょうぶ》です！　ご安心ください。われわれは敵ではない！（会場笑）

われら敵にあらず！　どうですか？

花田紀凱守護霊　いやあ、あんたねえ、もう、俺、転職をだいぶしてるんだよ。だから さあ、もうこれ以上、転職したくないんだけど。

斎藤　大丈夫です。

綾織　格が上がる可能性もありますよ。

花田紀凱守護霊　格が上がる？

斎藤　格が上がるっ！

花田紀凱守護霊　〝皇室御用達《ごようたし》〟の記者になる？　格が上がって、皇室用になるかねえ。

綾織　ああ、そうかもしれないですねえ。

花田紀凱守護霊　うーん、まあ、女性としては、「政略結婚」で使われた経験があることはあるなあ。

斎藤　おお！　出たじゃないですか。

花田紀凱守護霊　ああ、言っちゃった。

斎藤　素晴《すば》らしい！

花田紀凱守護霊　君らと、三対一じゃ勝てねえなあ。〝検事〟が三人じゃあ、しょうがないよなあ。

斎藤　政略結婚で？

花田紀凱守護霊　政略結婚でねえ。うーん……。

斎藤　政治的に巻き込まれてしまったんですか。

花田紀凱守護霊　スパイと間違《まちが》われてねえ……。うーん……。殺されたことがあるんでねえ。

斎藤　それはいつごろですか。もしかして、明治維新《いしん》のあたりですか。戦国時代？

花田紀凱守護霊　え？

斎藤　それだ！　戦国ですね。

花田紀凱守護霊　ああ、戦国だよ。まあ、当然ながら。政略結婚をいっぱいやってたよね、当時。

綾織　はい、はい。

花田紀凱守護霊　まあ、政略結婚は常套《じょうとう》手段だから、そういうのはあったし、ある程度スパイされることは、みんな見越《みこ》していることはいるんだけども、「夫への愛」というか、「嫁《とつ》いだ国への忠誠心」と、「もといた国への忠誠心」とが、結婚何年で、どのくらいまで変化するかで、やっぱり許容度があるわけよ。

だから、ある程度、里とつながってることは、みんな分かってはいるんだけど、「それがどの程度か」ということはあってさあ。うーん……、いやあ、もうばれちゃうなあ。これは、もう、寸前だなあ。

斎藤　やはり、嫁いだ家は、〝大きいところ〟ですか。

花田紀凱守護霊　うーん……。大きい。

斎藤　かなり大きい？

花田紀凱守護霊　うん、かなり大きい。

斎藤　かなり大きい。

花田紀凱守護霊　かなり大きい。実に……。

（会場から「家康《いえやす》」との声が上がる）

花田紀凱守護霊　うん？

斎藤　「家康」っていう声が。ギャラリーから、ちょっと強い〝槍《やり》〟が来ましたけれども。

花田紀凱守護霊　いやあ、おたくのギャラリーは厳しいなあ。うーん。

斎藤　「家康」という声が響《ひび》いてきませんか。

花田紀凱守護霊　「奥《おく》さんだった」というのが出てきたらどうしようかなあ。

斎藤　はあ？　家康の？

花田紀凱守護霊　うん。「奥さんだった」っていうのが出てきたらどうしようかなあ。

斎藤　いや、いいですよ、別に。どうぞ！

花田紀凱守護霊　構わないですか。

斎藤　構わないですよ。

花田紀凱守護霊　信長《のぶなが》らに、嫌疑《けんぎ》をかけられてねえ、あのー……。グスッ、グスッ（鼻をすすって泣く）。まあ、こんな話はやめようよ。暗すぎる。

斎藤　でも、体の動きがいい感じになってきて、〝自然体〟になってきました（会場笑）。

花田紀凱守護霊　いやあ。家康がねえ、ああいう、「生き残るためには妻子《さいし》も売る」っていうのはねえ、まあ、戦国の世とは言え、ひどい時代だよねえ。まあ、本当ねえ。だから、「スパイ合戦《がっせん》」は、あのころもあったからねえ。確かに、内通してたとかいうようなことも、まあ、ないわけではなかったわけだけども、うーん、ちょっと悔《くや》しいねえ。

名前も分かってるでしょう？　きっとねえ。歴史通《つう》とか、歴女《れきじょ》とかは知ってると思いますがね（注。今川義元《いまがわよしもと》の姪《めい》で徳川《とくがわ》家康の正室となった「築山殿《つきやまどの》」と思われる。「武田《たけだ》家と内通し、織田《おだ》家を倒《たお》そうとした」という謀反《むほん》の疑いをかけられ、織田信長の命令で殺害された)。

まあ、でも、女のまねはしないよ、今日は。頑張《がんば》るから……。

文明開化期に「言論界」で活躍《かつやく》した一人

綾織　そういう経験と、今世《こんぜ》の、週刊誌などの雑誌の編集長とか、ジャーナリストとかの仕事というのは、どのようにつながってくるのでしょうか。

花田紀凱守護霊　すぐにはつながらないねえ。つながらない。

饗庭　ワンクッションありますよね。

花田紀凱守護霊　つながらないですねえ。

斎藤　もう一つ、架橋《かきょう》する何か、つなげる何かがあるのではないでしょうか。

花田紀凱守護霊　そうでしょうねえ。ないといけないんでしょうねえ。

斎藤　それは何でしょうか。

花田紀凱守護霊　何でしょうねえ。

斎藤　ここまで来たら、やはり、〝謎《なぞ》解き〟をしないと。

花田紀凱守護霊　分からないです。私は無教養なんで、全然分からないですねえ。

綾織　でも、ご自身のことなので。

花田紀凱守護霊　え？

斎藤　「自分探究の旅」が始まっているんですよ、今、ここで。

饗庭　〝花田教〟が、今、生まれようとしている。

花田紀凱守護霊　いやいや、〝花田教〟は……。参ったな。いやあ、私は、だから……。

饗庭　でも、みんな尊敬しています。

花田紀凱守護霊　私は男性ですよ。私は男性！

斎藤　守護霊様は男性ですね？

花田紀凱守護霊　私は男性です。

斎藤　過去の転生で……。

花田紀凱守護霊　いやあ、それは、あんまり深入りしたくないんですが、私は男性で……。

文明開化で、いろんな言論が出始めたころに、つまり、アメリカの影響《えいきょう》を受けて、いろんな新聞・雑誌がいっぱい出始めたころに、まあ、言論の世界で、わりに先駆者《せんくしゃ》的に活躍《かつやく》した者の一人ではあるかも。

斎藤　明治に、何か、こう……。

花田紀凱守護霊　まあ、いろんな方が、いろんなものを出していましたから。

饗庭　新聞とか雑誌とかを興《おこ》されたのですか。

花田紀凱守護霊　ええ、まあ、そうかもしれませんねえ。

〝黙《もく》秘《ひ》権《けん》〟を行使して名前を明かさない花田氏守護霊

斎藤　当時、ひげは生えていました？

花田紀凱守護霊　いやあ、君らは、もう、いいかげんにしろよ、本当に！　黙《もく》秘《ひ》権《けん》っていうのがあるんだ。

斎藤　黙秘権（笑）。

花田紀凱守護霊　弁護士を呼べ！　黙秘権があるのよ。

綾織　まあ、有名なところで……。

花田紀凱守護霊　いや、全然、気にしなくて、気にしなくて、気にしなくて……。もう、深く考えない、深く考えない。

（綾織に）君なんか、どうせ過去世は侍《さむらい》だろう？　侍でもジャーナリストができるんだからさあ、だから、もうやめろよ。ね？

綾織　徳富蘇峰《とくとみそほう》とか。

花田紀凱守護霊　あん？

斎藤　徳富蘇峰ですか。

花田紀凱守護霊　いや、そんなに偉《えら》くはないよなあ。

綾織　そこまではない？

花田紀凱守護霊　ちょっと、それは行きすぎてるよ。

綾織　あ、行きすぎですか。

花田紀凱守護霊　それは行きすぎ。ちょっと行きすぎ。そこまで行ったら嘘になる。

斎藤　正直ですね。どうしてそんなに正直なんですか。ジャーナリストだったから？

花田紀凱守護霊　いやあ、そこまで……。まあ、憧《あこが》れてはいたけどねえ。「あのくらいの活躍ができればいいなあ」と憧れてはいたけども、やっぱりそこまで言ったら嘘になるねえ。それは言えない。

綾織　陸羯南《くがかつなん》（一八五七～一九〇七。「日本」〔新聞〕主筆・社長）。

花田紀凱守護霊　うーん……。ちょっと、どうかな。違うなあ。

綾織　福地源一郎《ふくちげんいちろう》（一八四一～一九〇六。「江湖《こうこ》新聞」創刊。「東京日日《にちにち》新聞」主筆・社長）。

花田紀凱守護霊　……。

斎藤　当たっちゃいました？

花田紀凱守護霊　いや、知らない（会場笑）。

綾織　ほう……。

斎藤　知り合いですか？　黒岩涙香《くろいわるいこう》（一八六二〜一九二〇。「萬朝報《よろずちょうほう》」〔新聞〕創刊、社長）とか？

花田紀凱守護霊　いや、知らない。知らない、知らない、知らない、知らない……。

斎藤　え？　違うんですか。

花田紀凱守護霊　知らない！（会場笑）

斎藤　え？

花田紀凱守護霊　一切《いっさい》、知らない！

斎藤　え？

綾織　福地……。

花田紀凱守護霊　いや、その名前を聞いたら、何となく思考がストップするだけ。

綾織　ああ、ストップするわけですね。

花田紀凱守護霊　うんうん。思考がストップするだけだ。

斎藤　何か関係があったんですね。

花田紀凱守護霊　知らん！

今世《こんぜ》に影響《えいきょう》している「明治期の言論人」の経験

斎藤　でも、明治期の言論人であったということでしょうかね。

花田紀凱守護霊　だから、徳富蘇峰みたいな、あんなに著述をいっぱい書けるような人じゃありませんから。

綾織　まあ、福地は……、福沢諭吉《ふくざわゆきち》先生と並んで……。

花田紀凱守護霊　違うよ。福沢諭吉じゃないよ。そこまで、俺は自惚《うぬぼ》れてないから。それは違う。

綾織　「双福《そうふく》」、つまり、「二つの福」ということで、福地源一郎と福沢諭吉……。

花田紀凱守護霊　かなり差はあるんじゃない？　かなり差がある。

綾織　ああ。差があるかもしれない。そうですねえ。

花田紀凱守護霊　君たちの本を読まなくとも、かなり差があることぐらい、さすがに分かるよ、俺は。

綾織　はい、はい。なるほど。その経験から、今……。

花田紀凱守護霊　え？　何が？　いやいや、別に、何も認めてないよ。

綾織　地上のご本人に、いろいろアドバイスをされているわけですね。

花田紀凱守護霊　私は、何にも認めてないよ。

綾織　ええ。分かります。

花田紀凱守護霊　だから、明治期に、そういう文筆業を……。まあ、みんな草創期であったときに、言論で世の中を変えていこうという経験をしたことはある。

綾織　はい、はい。

斎藤　なるほど。高い志《こころざし》をお持ちになって。

花田紀凱守護霊　志が高かったかどうかは分からない。それは分からない。「売れたらいい」と思ってたかもしれない。

斎藤　ああ……。

綾織　うーん……。

花田紀凱守護霊　「儲《もう》かったらいい」と思ってたかもしれない。

6　空海《くうかい》の時代に唐《とう》の僧侶《そうりょ》だった

甦《よみがえ》ってきた「唐《とう》の時代」の記憶《きおく》

斎藤　もう一つ、ちょっと〝旅〟をしましょうか。

綾織　（笑）（会場笑）

斎藤　せっかくですから。もうめったにないことですので、もう一つ、何か〝点〟を打たないと……。

花田紀凱守護霊　君は、ほんとにオタクだね。

斎藤　いやいや（会場笑）。これは、発想や思考を研究するには大事なことですから。

花田紀凱守護霊　すごいわあ、これ。なんか、タモリと話してるような感じがする（会場笑）。もう、頭がクラクラくる。

斎藤　いやいや、そんなことはありません。

花田紀凱守護霊　なんか、自分の世界に、ワールドに引きずり込《こ》んでくるねえ。

斎藤　ワールドに、ようこそ！　どうぞこちらに。

花田紀凱守護霊　なんかねえ、もう、〝やられる〟感じで、いやあな感じ。

斎藤　もう一つ何か、やはり日本での転生《てんしょう》があるんじゃないですか。

花田紀凱守護霊　え？

斎藤　日本。

花田紀凱守護霊　だけど、外大《がいだい》（東京外国語大学）だぜ、外大。

斎藤　外来種？　ああ、外大卒だから、外国ですか。

花田紀凱守護霊　外大だぜ、外大。

綾織　そうですね。

花田紀凱守護霊　分からないぜ。

斎藤　外国でも、何かそういう記憶《きおく》はございませんか。

花田紀凱守護霊　うーん……。

斎藤　（催眠術《さいみんじゅつ》をかけるように）だんだん……、遠い遠い記憶が、甦《よみがえ》ってきます。

花田紀凱守護霊　ああ、催眠術をかけられるんだ……（会場笑）。

斎藤　何かが見えてきます……。どうですか？

花田紀凱守護霊　あ、はあ……、ああう……。

斎藤　大丈夫《だいじょうぶ》です。心をリラックスして……。

花田紀凱守護霊　この狂気《きょうき》の世界は、やっぱり耐《た》えられないねえ。

斎藤　どうぞ、どうぞ（笑）。

綾織　正気に戻《もど》ってください。

斎藤　はい。大丈夫です。本来の世界に入ってまいります……。

花田紀凱守護霊　ああ、嫌《いや》な感じ。

斎藤　ほーら、見えてきた……。

花田紀凱守護霊　いや、ああ……。

斎藤　ああ、見えてきた、見えてきた、見えてきた……。

花田紀凱守護霊　嫌な感じ。ああ、嫌な感じ。ああ……。

斎藤　何かが見えてきた。何でしょうか。それは何でしょうか。何が見えましたか。

花田紀凱守護霊　ああ……。（体をのけぞらせ、両手を広げて、苦しそうなしぐさをする）

斎藤　何が見えて……。

花田紀凱守護霊　ああ、唐《とう》の都《みやこ》だ。唐の都が見える。

斎藤　え？　唐の都？

綾織　唐の都。

花田紀凱守護霊　ああ、唐の都が見える。

密教《みっきょう》系の寺で空海《くうかい》を見たことを思い出す

斎藤　ほう。中国ですか。唐の時代（六一八～九〇七）には、太宗《たいそう》や高宗《こうそう》など、いろいろな皇帝《こうてい》が文化を高めました。

花田紀凱守護霊　うーん……。唐の都が……。お寺が建ってるなあ。

斎藤　お寺！

花田紀凱守護霊　お寺が建ってる。

斎藤　お坊《ぼう》さんですか。

花田紀凱守護霊　分からないなあ。

斎藤　お坊さんと言えば、〝編集〟をするお坊さんもいますよ。

花田紀凱守護霊　寺が建ってるわあ。

斎藤　何という寺ですか、それは。

花田紀凱守護霊　うーん……。

斎藤　塔《とう》（唐の大雁塔《だいがんとう》）が見えましたか。

花田紀凱守護霊　ああ……。密教《みっきょう》系のような気がするなあ。

斎藤　唐で、密教系ですか。ほう。

花田紀凱守護霊　密教系で……。

斎藤　唐では仏教が盛《さか》んでした。

花田紀凱守護霊　まあ、流行《はや》ってるねえ。まあ流行ってる。
日本からねえ、あのー……。

斎藤　空海《くうかい》？

花田紀凱守護霊　そうそうそうそう。

斎藤　空海というお坊さんがいましたか。

花田紀凱守護霊　「有名な、語学の天才が来た」って、今、評判になってる。

斎藤　空海には会いましたか。

花田紀凱守護霊　ええ？

斎藤　会って話したことはありますか。

花田紀凱守護霊　うん。いやあ、すごかったねえ。

斎藤　ああ、やっぱり見たんですね。

花田紀凱守護霊　何であんなに（中国語等を）しゃべれるんだろう。

斎藤　ほう。

綾織　ほうほうほう。

花田紀凱守護霊　すごいねえ。

斎藤　そばにいたのですか。

花田紀凱守護霊　いやあ、そこはねえ、なんか褌《ふんどし》を取られる感じがするから、ちょっと勘弁《かんべん》してくれ。

斎藤　いや、ここまで言ったら、もう、あと少し……。

花田紀凱守護霊　なんかねえ、お寺が見えて、密教系で……。

斎藤　あなたはお坊さん？　頭がツルツルしていますか？

花田紀凱守護霊　空海さんが来たような気がするところまでは言えるなあ。

斎藤　はあ……。

翻訳僧《ほんやくそう》だった中国での過去世《かこぜ》

綾織　それは、受け入れる側ですね。

花田紀凱守護霊　うん。私は中国人じゃないかなあ。中国人だろうと思う。

綾織　中国人ですね。

花田紀凱守護霊　でねえ、うーん……。翻訳《ほんやく》してた……。

斎藤　翻訳僧《そう》ですよ、やっぱり。

花田紀凱守護霊　翻訳僧かなあ。うーん。翻訳してたから……。

斎藤　あ、お経《きょう》を普及《ふきゅう》した人？　翻訳した人？　お経をつくった側？　書いた側？　普及した側？

花田紀凱守護霊　翻訳していたような気がする。

斎藤　翻訳？　訳経僧《やっきょうそう》ですか。

花田紀凱守護霊　うーん。だから、インドから入った言葉を中国の言葉に訳したり、あるいは、中央アジア辺りの言葉を中国語に訳したり……（注。唐の時代、大寺院に付属して「訳経院」が設けられるなど、膨大《ぼうだい》な数の経典《きょうてん》が国家事業として翻訳されていた）。

饗庭　やはり、言葉を使うお仕事だったんですね。

花田紀凱守護霊　そう。

斎藤　なるほど。だから、今世《こんぜ》は外大に行ったんですね。

花田紀凱守護霊　うーん、言葉の翻訳を……。

斎藤　翻訳僧だ！

花田紀凱守護霊　僧をしてたような気がする。それで生業《なりわい》を立ててたのかなあ。

綾織　なるほど。

花田紀凱守護霊　空海が来たのは知ってる。すっごい「語学の天才」だったなあ。

綾織　では、恵果和尚《けいかおしょう》のお弟子《でし》さんだったわけですか。

花田紀凱守護霊　厳しいところまで来たなあ。もう、ここから先は〝崖《がけ》〟だよ。

綾織　いえ、いえ、いえ。

斎藤　どこに住んでいましたか。長安《ちょうあん》の青龍寺《せいりゅうじ》？

花田紀凱守護霊　ここから先は、崖、崖、〝崖〟から落ちる……。

綾織　いえいえ。言えば楽になりますから。

花田紀凱守護霊　〝崖〟から落ちる。

斎藤　青龍寺にいました？

花田紀凱守護霊　〝崖〟から落ちる！　こっから先に行ったら。

斎藤　青龍寺にいましたね。

花田紀凱守護霊　〝崖〟から落ちるから、もう駄目《だめ》です、駄目です、駄目です。

斎藤　ああ、いたんですね。

花田紀凱守護霊　日本人に負けるなんて、悔《くや》しい。うーん、悔しい。

斎藤　衣鉢《えはつ》というか、法灯《ほうとう》が、空海に譲《ゆず》られてしまいましたからねえ。

花田紀凱守護霊　天才っているんだねえ。やっぱりねえ。

斎藤　密教の重要な儀式《ぎしき》である「灌頂《かんじょう》」を受けたとき、投げた花が二回とも曼荼羅《まんだら》の大日如来《だいにちにょらい》の上に落ちちゃったりとかして……。

花田紀凱守護霊　あんな短期間でねえ。

斎藤　ええ。記憶力を高める修法《しゅうほう》をしていて、暗記の天才でしたから。

花田紀凱守護霊　天才だよ。語学の天才ですよ。

斎藤　ちなみに、その修法（求聞持法《ぐもんじほう》）を教えたのは、今の総合本部長の過去世《かこぜ》の方で……。これは、なしです（笑）。

花田紀凱守護霊　中国語だけでなくて、サンスクリット語（梵《ぼん》語）までしゃべれたんだから、すごいですよ（注。空海は、唐に到着後、インドの僧からサンスクリット語を学び、数カ月でマスターした）。

八〇四年に「留学生《るがくしょう》」として唐《とう》に渡《わた》った空海《くうかい》は、翌年、長安《ちょうあん》の青龍《せいりゅう》寺《じ》で密教《みっきょう》の第七祖・恵果《けいか》に出会う。そのとき、恵果は、空海を見るやいなや、「汝《なんじ》を相待《あいま》つこと久《ひさ》し」と喜びをもって迎《むか》えたという。恵果は、空海に半年あまりで密教の奥義《おうぎ》をすべて伝授《でんじゅ》。三十二歳《さい》の若い留学僧であり、異国人でもあった空海を、正統な後継者《こうけいしゃ》（第八祖）とする。その後、空海は、日本に帰国し、高野山《こうやさん》・金剛峯寺《こんごうぶじ》を開山《かいさん》した。

花田氏守護霊が、過去の転生で出会ったと語る天才・空海（774~835）

空海（左側）と恵果（右側）の像が並ぶ
（青龍寺跡に建立《こんりゅう》された「恵果・空海記念堂」より）

青龍寺跡には空海記念碑《ひ》が建つ

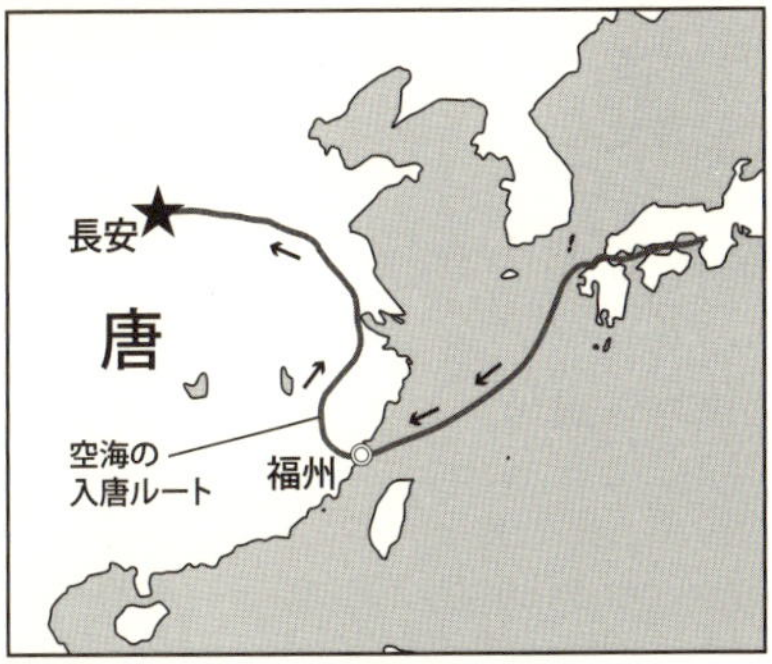

青龍寺のあった、唐の都・長安
出航した遣唐使船四隻のうち、無事、唐に到着したのは、わずか二隻であった。

斎藤　はい、そうですね。

花田紀凱守護霊　天才だねえ、あれねえ。

心の深いところにある「天才・空海《くうかい》への嫉妬《しっと》」

斎藤　それで、やはり、空海《くうかい》を見て嫉妬《しっと》したりしました？

花田紀凱守護霊　したねえ。

斎藤　はあ。しましたか。

花田紀凱守護霊　した、した、した。だからねえ、大川隆法を見たときに、ちょっと似たような感触《かんしょく》を受けた。

斎藤　ああ。

花田紀凱守護霊　似た感じを受けたね。

綾織　うーん……。

斎藤　いつも知的巨人《きょじん》のそばに生まれるのは、すごいですね。

花田紀凱守護霊　いや、いつもじゃないですけどね。まあ、「こういう人がいるんだなあ」と。

こちらは、ずーっと修行《しゅぎょう》しててさあ、コツコツと翻訳を、毎日、一定の速度でやってるだけの仕事をしていた。まあ、確かに、週刊誌を出してるようなもんかもしらんけれども、一定の速度で翻訳をしていた。けれども、〝あっという間〟にやってしまうやつがいるんだよなあ。

だから、この『大川総裁の読書力』なんていうのも、きっと、さぞかし〝人殺し〟の本なんだろうと思うけどもさあ。こんなの読んだら、もうジャーナリストたちはみんな発狂するような、きっとそういう本だろう？　どうせ、これが出たら。たぶん、そうなんだろう？

綾織　そうかもしれませんね。

花田紀凱守護霊　たぶん、そうだろう？　俺《おれ》たちを〝殺す〟ために書いたような本だから。

斎藤　いやいや、そういう悪意は、まったくありません。人を生かし、救うため、世を変えるために、大川総裁が書かれたものです。

花田紀凱守護霊　もうほんと、私たちはみんな、ＤＤＴ（殺虫剤《さっちゅうざい》）をかけられて殺される蚤《のみ》のような運命にあるんだろうと思うけどさ。そういうふうに、短期間でサーッとねえ、大量のものを渉猟《しょうりょう》して、その核心《かくしん》をつかんで持って帰るようなやつ？　いやあ、実はねえ、深いところで嫉妬してんだ、俺。

斎藤　はあ……。

綾織　うーん……。

花田紀凱守護霊　本当にねえ、こういうのがたまにいるんだよね。

斎藤　でも、仏道《ぶつどう》を修《おさ》めておられるではないですか。

花田紀凱守護霊　いやあ、やってたよ。だから、もう……。

斎藤　仏縁《ぶつえん》があるじゃないですか。

花田紀凱守護霊　凡人《ぼんじん》同士だったら構わないのよ。凡人同士は仲良くできるんだよ。だが、天才は嫌《いや》だね。天才は駄目だわ。

斎藤　もしかしたら、あなたは、〝衣鉢《えはつ》〟を空海に取られちゃった人ですか。

花田紀凱守護霊　いや、そんなに偉《えら》くないよ。心配しなくていい。そこまで偉くないから。大丈夫、大丈夫。もうちょっと下だから、大丈夫、大丈夫。

千数百年の時を経て、伏流水《ふくりゅうすい》のごとく出てきた「嫉妬心《しっとしん》」

綾織　そのほかの転生でも、宗教者としての経験はあるのですか。

花田紀凱守護霊　いや、宗教者というよりは、だから、訳経……。

綾織　ああ、翻訳の……。

斎藤　翻訳。訳僧。

花田紀凱守護霊　訳僧っていうかね、翻訳の技術で、飯《めし》を食ってた。字を書いてねえ、翻訳する技術で食べてたわけだからね。

綾織　宗教そのものということではなく？

花田紀凱守護霊　うん。というよりは、そういう、なんか値打ちがあると言われているものを翻訳したりすることに、知的な価値を見いだしていたわけで、そうした「知的生産」に、非常に関心はあったのよ。だから、それが中国の言葉に換《か》わることによって、中国人が勉強できるようになるっていうところに、「一つの、自分なりの付加価値を生んだ」っていうかさあ、「このお経を訳し終えた」みたいな達成感?

綾織　はい、はい。

花田紀凱守護霊　あるいは、お経を訳しても、それをまた筆写するからね。何人もで、勉強するための教科書を、何部も、いっぱいつくっていくわけ。その筆写していくときに、なんか、生きがいを感じる。

まあ、今だったら印刷機が印刷してくれるわけだけども、そういう筆写していくことに生きがいを感じてたところに、たちどころにして、何と言うかなあ、目と目が合った段階で、師弟《してい》でビビーッとくるような感じ?「あ、こいつだ。待ってました。君が来るのを待っていた!」みたいな感じだった。

こういう玉《たま》は、やっぱ嫌だね。「やっぱり、週刊誌的に、こういうのを一発パシッとやりたい」という気持ちを、ちょっと心の底で思ったのが、今、伏流水《ふくりゅうすい》のように出てきて、大物を、たまに撃《う》ち落としたくなる気持ちがあるのかなあ。

斎藤　その千数百年前の思いが、全然消えないんですか？　その嫉妬心《しっとしん》みたいなものは。

花田紀凱守護霊　（舌打ち）うーん、だから、見ちゃいけない。見なければいいんだよ。見ないで、ほかの人と一緒《いっしょ》に、平凡に、毎日毎日、訳していれば、「いい仕事を自分はしてる」っていうことで満足できる。適当なほめ方をされて、まあ、年を取った人が偉くなっていけば、それで済むことだったのに、突如《とつじょ》、（空海が）現れて……、「密教の真髄《しんずい》」を会得《えとく》して、日本に帰ってしまって、〝本家《ほんけ》〟を持っていかれるっていう、こんなのねえ……。あれよあれよという間に行ってしまったような感じ。

（小説や映画の）「舟《ふね》を編む」じゃないけど、十五年かかって辞書をつくるっていう作業をやってるところに、たちどころにして、「一週間で仕上がりました」みたいな人が出てきたんじゃ、たまらないでしょう？　はっきり言って、もうやめたくなるよね。

「知りたいけど、知りたくない」という複雑な「魂《たましい》の葛藤《かっとう》」

斎藤　あなたが、当時に見た空海の姿と、今の大川総裁の姿は似ているのですか。やはり、その雰囲気《ふんいき》というか、空海がサクッと法灯《ほうとう》を持っていっちゃったような感じに見えていますか。

花田紀凱守護霊　まあ、今、出ているデータから見るかぎり、同類の人間のような……。

斎藤　そう見える？

花田紀凱守護霊　似たようなタイプの人間の感じには見えるね。だから、「知りたい」と同時に、「知りたくない」っていう両方の、こう葛藤《かっとう》がある。

綾織　ああ。それで、複雑な心境が……。

花田紀凱守護霊　「どんなものなのか、その秘密を知ってみたい」っていう感じと、「知りたくない」っていうのとが、こう、魂《たましい》のなかですごく葛藤する。知ったら、もう「狂《くる》ってしまいそうな」っていうか、嫉妬心で地獄《じごく》に堕《お》ちそうな気もするから、知りたくない。うーん、凡人同士で生きていきたい。

読者に媚《こ》びない編集方針を貫《つらぬ》く花田氏

饗庭　でも、花田編集長が、自分のことを凡人だと強く思っていたら、たぶん、そこまで嫉妬心が湧《わ》かないと思うんですよ。

花田紀凱守護霊　さすが、君は、僕《ぼく》が見込んだだけあるわ（会場笑）。いいところがある。やっぱり「党首」でいこうよ。

饗庭　いやいや。

花田紀凱守護霊　え？

饗庭　今、党首には立派な人がいるので、それはいいです。大川総裁に嫉妬心が湧くというのは、それは花田編集長の優秀性《ゆうしゅうせい》なのだと思います。それに、「WiLL《ウィル》」がずっと売れているのは、別に、読者に媚《こ》びてるからではなくて、編集方針において、やっぱり「日本の国益を守る」という観点で貫《つらぬ》かれているところがあるからだと思うんですよ。

花田紀凱守護霊　うん、うん、うん。

饗庭　ですから、ただ単に「売らんかな」の雑誌ではないと私は思いましたし、四月にお会いしたときに、「すごくいい方だな」と思ったのです。

私自身も、「嫌だな」と思う相手だったら……。

花田紀凱守護霊　うーん、だからね。いやあ、君はねえ、けっこうイケメンだと思うよ。イケメンだと思うけど、俺は、イケメンというだけでは嫉妬しないんだよな。それだけでは嫉妬しないんだよ。

饗庭　いや、私に嫉妬してくれという話では全然なくて……。

花田紀凱守護霊　俺も若いころはイケメンだと思うんで。

饗庭　ええ、かっこいいですよ。目つきも鋭《するど》いですし……。

花田紀凱守護霊　若いころはね。今はもう、七十を超《こ》えて、さすがに駄目だけども……。

饗庭　七十一歳《さい》ですよね、今。それで、これだけシャープな頭をされているというのは、すごいことだと思うのです。

花田紀凱守護霊　君、なんかうまいなあ（会場笑）。教授に取り入るのも、ものすごくうまかっただろう？

饗庭　（苦笑）いえいえ、そうじゃなくて……。

花田紀凱守護霊　それを感じるなあ。

饗庭　いや。私は正直なことしか言いませんから。

花田紀凱守護霊　ああ。

心のなかにある「日本に対する二つの気持ち」とは

饗庭　私が何を感じるかというと、花田編集長の心のなかには、やはり、「とにかく日本《にっぽん》を守りたい」という気持ちが強くあるのではないかということなんです。

花田紀凱守護霊　いや、両方あるよ。日本を守りたい気持ちとねえ、逆に、何ていうか、「日本に取られたものを取り返したい」っていう気持ちと、両方あるな。

饗庭　取られたものですか。それは何でしょうか。

花田紀凱守護霊　なんか、日本に、いいものがみんな集まっているようなところがあるじゃないですか。ねえ？　アジアとか、いろんなところから、いわゆるアメリカやヨーロッパからも、いいものがみんな集まってきたじゃないですか。

饗庭　ええ、ええ。

花田紀凱守護霊　その、「なんか、どこかに取られたような喪失感《そうしつかん》」みたいなものが、ちょっとあるんだよ。

饗庭　ああ。

花田紀凱守護霊　だから、「日本に取られたもの、いちばん大事なものは、何だったんだろうか」っていうような感じで、その取られたものを見いだし、逆に〝お返し〟しなきゃいけないような感じ。なんかちょっと、そんなものを感じてはいるんだよなあ。

花田氏が「霊言《れいげん》」に抵抗《ていこう》がある真の理由

饗庭　それは、今おっしゃった、中国での記憶とか……。

花田紀凱守護霊　まあ、中国っていうのも、それは一つだ。一つとしては、そういうものもあるけど。

うーん、ちょっとショックはショックだよねえ。

だから、中国人僧が、もう何百といたと思うし（注。恵果の弟子は、千人以上と言われた）、修行を何十年と積んでるなかに、日本から来てさあ。

まあ、青年僧だったとは思うけど、半年もいたかなあ。いなかったような気がするが。

それで、もう、（法灯を）持っていくんだよねえ。

（空海は）日本の密教（真言宗《しんごんしゅう》）の開祖だけど、密教の第八祖として、正統に外国人が持っていくって……。

君らのところにも、外国から来てるでしょう？　いろいろ、外国の人も修行に来てるじゃない？
それでさあ、総裁が、「後任は君にする」と、「ウガンダから来た君を後継者《こうけいしゃ》にする」と指名したら、君ら、平気で生きていられるか？　平常心で。

饗庭　いや、たぶんショックだと思います。なかなか苦しいと思いますけど。

花田紀凱守護霊　頭が、もう〝行きそう〟でしょう？

饗庭　ええ。

花田紀凱守護霊　日本語の本だって、そんな大して読んでないのに、見ただけで、「彼に次を譲《ゆず》る」って、もし、総裁が言ったとしたら、残された者たちは、普通の気持ちではいられんでしょう。どうですか。

饗庭　当時の唐の、そのお寺では、そうとうな衝撃《しょうげき》だったんでしょうね。

花田紀凱守護霊　衝撃はすごいですよ。青龍寺は、ナンバーワンと言ってもいいぐらいの人気があって、競争率も高い、格の高いお寺だったからね。だから日本に持っていかれて、衝撃だよ。「君が来るのを待ってた」って言って、大事なものを、全部、空海に渡《わた》したからさあ。

まあ、霊能力《れいのうりょく》の世界っていうのは、ああいうもんなのかもしれないけども、師匠《ししょう》のほうも、（空海が）来るのを知ってて、ずーっと待ってた。それで、空海が会いに来たらビビッときて、「この人だ！」っていうんで、過去世までお互《たが》いに見えた。なんか、「待ってたのは、過去世で縁があったからだ」っていうことで、渡していく。

ここがあるから、この「霊言《れいげん》」のところに抵抗《ていこう》があるんだ、俺は。

綾織　要するに、霊的なものを認めにくいわけですか。

花田紀凱守護霊　はっきり言って、ここに、ちょっと抵抗がある。「この世界」だよ。「この世界」にねえ、チッ！（舌打ち）抵抗があるんだよ。

斎藤　なるほど。カルマですねえ。

7 過去世《かこぜ》と今世《こんぜ》をつなぐ「テーマ」とは

霊言《れいげん》による「スピリチュアル取材」の衝撃度《しょうげき》

綾織　今日は「守護霊とは何か」というテーマですけれども、今、明らかになった転《てん》生《しょう》は、今の花田編集長の人生を貫《つらぬ》く一つのテーマのようなものとして、影響《えいきょう》を与《あた》えているのではないでしょうか。

一見、バラバラのようにも見えるのですが、実はつながっていて、何か一つの課題を追究している可能性があるように思います。その課題とは、何だとお考えでしょうか。

花田紀凱守護霊　うーん……。課題としては、よく分からないけど、国の国体が変わろうとするか、文化の流れが大きく変わろうとするようなときに出ていて……。

饗庭　大事なときに出られていますよね。

花田紀凱守護霊　うん。何かその中枢《ちゅうすう》部分に近いところで、オブザーバーとして、観察者として見ていることが多いような感じはする。

だから、主役じゃないんだけど、「時代の変革期」みたいなときに出て、オブザーバーとして見て、あるいは、それが書きものとかで表せる場合には、書いたりもするような感じかなあ。

でも、うーん……。心の底では、やっぱり、そんなにね、君らが言うほど善人ではないと思うんだ。心の奥底《おくそこ》には、嫉妬心《しっとしん》が俺《おれ》にもあると思う。

マスコミの衝動《しょうどう》の一つは、やっぱりジェラシーだと思うんだよなあ。やっぱりジェラシーはあるよ。

だから、書くことがなかったら、ジェラシーを探せばいいわけで、何に対して嫉妬するかを感じて、それを書けば、必ずそれに共感する人が出てくる。同じようなものを持っている人がたくさんいるからね。

だから、公人《こうじん》だったら、ほとんど、もう、「名誉《めいよ》なし」っていうか、「丸裸《まるはだか》にしても構わない」みたいな感じかなあ。そういうのがあって、公人へのジェラシーが集まっているから、「使えるときは使うけど、落とすときには落とす」っていうようなところがあるけど、俺の心の底には、やっぱりそれがあるとは思う。

なんか、「文明の変革時」や「天下取り」みたいなときに、その活躍《かつやく》したような人をそばで見たことがあった。ただ、それを「観察者としては見たんだけども、自分はそれには与《あずか》れなかった」あたりにいたっていう感じかなあ。

饗庭　確かに、空海《くうかい》を見、家康《いえやす》を見、そして文明開化のときに、明治のいろいろな元勲《げんくん》たちを見たわけですよね。

花田紀凱守護霊　もちろん、いろんな偉《えら》い人たちを見ましたよ。まあ、当然見てます。取材もしたしね。

饗庭　でも、今回は、別に、それで命を取られるということもありません。

花田紀凱守護霊　うん……。いや、俺は、ある意味では、あなたがたの仕事を分かってるのよ。「大川隆法、千三百冊発刊」でもいいし、「二千百回の説法《せっぽう》」でも構わないけどさあ。それは、ある意味での〝すごさ〟は分かってはいるんだけど、これを本当に、正直に、額面どおりに受け止めたらねえ、かつて、空海に会ったときの衝撃を超《こ》えるものがあるんですよ。

その衝撃は、ちょっと何段階か緩《ゆる》めて受けたいというか、津波《つなみ》だったら、防波堤《ぼうはてい》を幾《いく》つか越《こ》えてから来ていただきたいっていう感じ？　いきなり、山の上まで上がってこないでいただきたい。

綾織　では、ちょっとずつ受け止めてきている……。

花田紀凱守護霊　防波堤を、ちょっとずつ越えて上がってくれる分には逃《に》げる時間があるじゃないですか。丘《おか》の上に駆《か》け上がる時間があるけど、いきなり来られたら困るじゃないですか。

綾織　別に、そんなに逃げなくてもいいんですけども（笑）（会場笑）。

花田紀凱守護霊　いやあ、やっぱりマスコミがやられる可能性があるじゃないですか。もし、この「スピリチュアル取材」っていうのが、公式に、天下公知で認められ……、いや、まあ、ある意味では認められかかってるとは思うんだけど、そうなったら、記者たちは、もう、おまんま食い上げよ。「リバティ」の編集長なんかは、もう左うちわで「こりゃこりゃ」しながら、「次は、あそこも（霊言《れいげん》を）頼《たの》みますわ」と言っていればいい。

アサド（守護霊の霊言）をやったんだって？（『アサド大統領のスピリチュアル・メッセージ』〔幸福の科学出版刊〕参照）

綾織　はい。アサドもやりました。

花田紀凱守護霊　日本のマスコミのどこが、アサドに取材できるっていうの？

綾織　はい。そのとおりですね。

花田紀凱守護霊　できませんよ。まあ、死を覚悟《かくご》で突入《とつにゅう》して、潜入《せんにゅう》取材しようとしたって、やっぱり捕《つか》まるわねえ。絶対、辿《たど》り着けないし、日本に情報を伝えることはできないわな。

だから、アメリカとか、イギリスやフランス……、あ、ロシアか、ロシア辺りの大国の報道陣《じん》が、何か政府の後押《あとお》しがあって入った場合には、可能性としてはあるけど、日本なんかだったら、ほとんど可能性はないわね。朝日だろうが、読売だろうが、NHKだろうが、単独取材なんかできるとは思えない。

これを君らはやろうとしてるんでしょう？　これをわれらが全員受け入れるとした

ら、やっぱり、それはもう、先ほどの空海じゃないけど、よそ者が来て持っていったような感じと、そっくりの感じが出る。

綾織　なるほどね。

花田紀凱守護霊　だから、そう簡単に認めてはいけない。やっぱり、〝衝撃波〟は、幾つかの防波堤で弱めながら来てほしい。

「なかなか一流までは行けない」という自己評価

花田紀凱守護霊　だから、君、君、君、ちょっと言ってくれよ。「基本的な霊言の案は、総裁が語っておられますけども、台本は、私、綾織が書いとります」とか言ってくれたら、私はほっとするんだよ。

綾織　いやいや。

饗庭　そうではないことは、お分かりですよね。もう分かっていらっしゃいますよね。

花田紀凱守護霊　うーん……。

饗庭　ずっと、嫉妬とか裏切られた経験とかを繰《く》り返してきたのかもしれませんが、たぶん、魂《たましい》の底では「楽になりたい」っていう気持ちもおありだと思います。

花田紀凱守護霊　「楽になりたいかどうか」かあ。

饗庭　ええ。

花田紀凱守護霊　「楽になりたい」っていうかねえ……。

饗庭　もし、嫉妬を乗り越えることができたら、ものすごい魂の飛躍だと思うんですよね。

花田紀凱守護霊　だからねえ、まあ、偉い人は見てきた。過去でも見てきたし、今も見て、今世《こんぜ》でも、たくさんインタビューしたり、会ったりしてきたから、偉い人は見てきたけど。うーん、まあ、一流まで行かないんだろうなあ。一・五流ぐらいまでは近づける感じはするんだけど、一流までは入れない感じかなあ。

まあ、大川総裁は、「ジャーナリズムの殿堂《でんどう》に入れる」なんて言ってほめてくれるけど、ジャーナリズム全体のレベルが低いから、それは、「マイナー・リーグで表彰《ひょうしょう》されることはある」っていうようなレベルだよ。

饗庭　いやあ。同じジャーナリズムのなかでも、花田編集長のことを尊敬している方は数多くいらっしゃいますし、私も、産経新聞のほうから、「編集界の神様だから」と紹介《しょうかい》されて、それで、ワック出版にお邪魔《じゃま》させていただいたんです。

花田紀凱守護霊　編集界の神がねえ、「ナチスの〝アウシュビッツ〟はなかった」と書いて廃刊《はいかん》の処分を受けて……。それで神か？

饗庭　「週刊文春《ぶんしゅん》」とか、「マルコポーロ」とか、「宣伝会議《せんでんかいぎ》」とか、たぶん、いろいろな紆余曲折《うよきょくせつ》はあったと思います。

しかし、今は「ＷｉＬＬ《ウィル》」で一つの、何て言うか、まだ到達点《とうたつ》ではもちろんないでしょうが、七十一歳《さい》になられて、これからまた、いろいろな挑戦《ちょうせん》をされることと思います。

花田紀凱守護霊　君は、言い方がうまいねえ。もう、年から見て、今年死ぬかもしれないのに。

饗庭　いえいえ。そんなことはないです。まだ、いろいろな挑戦があると思います。

今世は、本当に、大きなご縁《えん》だと思うんですよ。こうやって触《ふ》れ合うというのも。

花田紀凱守護霊　いやあ、大川総裁が、「花田さんは〝殿堂入り〟をする」っていう言い方をするのは、亡《な》くなったときに、新聞の夕刊にチョコッと顔写真入りで、「花田紀凱。『週刊文春』編集長、何々、何々をしたことがある」と、四センチぐらいの囲み記事が出るのではないかと思って言ってるんじゃないの？

饗庭　いや、それでは終わらないと思いますよ。

ジャーナリストの「心がねじ曲がっていく理由」とは

斎藤　ただ、そのご性格のところで、一つ、感じたことがあります。ご本人が大手の週刊誌の編集長と対談したものを読ませてもらったのですが、そこに、「私《わたくし》は、しつこい相手のほうが好きです」っていうことが書いてありました。

花田紀凱守護霊　ハハハハハ。エへへへへ。

斎藤　ご自身が編集の仕事をしているなかで、編集者から、「誰《だれ》も何も言ってこないと、逆に『何なんだ』と物足りなく思う」と。

これは、「しつこさ」について、仕事レベルでの話なのですが、「プランを十個でも二十個でも出してくれる若手のほうが僕《ぼく》は好きなんだ」と。そういう意味で、「しつこい相手のほうが好きなんだ」という言い方をされている記事を読ませてもらいました。

花田紀凱守護霊　うーん、うん、うん。

斎藤　なんか「探究心」と「しつこさ」とのギリギリの壁《かべ》のようなものが……。

花田紀凱守護霊　ああ、君、自己弁護してるわけ？

斎藤　いやいやいや。そういうわけではなくて（笑）。

花田紀凱守護霊　自己弁護してるんだ。

斎藤　いやいや。ギリギリの……。

花田紀凱守護霊　じゃあ、もっと追及《ついきゅう》しろよ。（過去世《かこぜ》が）三人しか出てないじゃないの。まあ、六人出てくるまで頑張《がんば》るとか……。

斎藤　いやいや。ただ、しつこいのか、探究心なのかっていうギリギリのところで、心がいろいろな時代時代に揺《ゆ》れ動くこともあろうかなあと、非常に共感をしております。

花田紀凱守護霊　うん、うん。

斎藤　そこをどう乗り越えるかも、一つの課題かなと思うので、ちょっと宗教的なアドバイスを送りたいなと思ったわけです。

花田紀凱守護霊　まあ、ジャーナリストとしては、みんな、やっぱりちょっと嫉妬心はあるし、まあ、しつこくないと、確かに取材もできん。

いや、あのねえ、ジャーナリストが、みんな、心がねじ曲がっていく理由は、やっぱり「取材拒否《きょひ》」を何百発も食らってるわけよ。私ぐらいの年齢《ねんれい》まで来る間には、何百発と……。どこそこの社長とか会長とかを取材しようとしても、もう、組織で守られた大手は、ほとんどみんな断ってくるよね。

だから、君たちんとこだって、総裁のところになんか辿《たど》り着けやしないだろう？　いろんなところが取材を申し込《こ》んだって、そういう取材申し入れがあったということ自体が伝わらないぐらい、拒否されてるだろう？「こんな相手じゃ無理だ」って、パッと下のほうで切られているはずだよね。
だから、何て言うか、ちょっとささやかな〝ゲーム〟はしているわけだけど、ただ、先ほど言ったのは、正直言って、そのとおりなんです。
大川隆法っていう人の秘密を知りたい気持ちと、知りたくない気持ちと、両方が拮《きっ》抗《こう》してるんだよ。「嘘《うそ》だろう。嘘であってほしい」っていうところと、「知りたい！」っていうところ……。

饗庭　でも、嘘ではないことは、もうお分かりになったんですよね。

花田紀凱守護霊　ええ？　いやあ、分からないよ。
だから、空海がさあ、四国の高知の足摺岬《あしずりみさき》（実際は室戸岬《むろとみさき》）でさあ、あの洞窟《どうくつ》のなかで瞑想《めいそう》したときにね、司馬遼太郎《しばりょうたろう》が言うように、「明星《みょうじょう》が口のなかへ飛び込んできた」っていうのは、嘘か本当か、そんなの分かる人はいないよ。

8　守護霊から花田編集長へのメッセージ

「取材する側」より「取材される側」のほうが、本当は偉《えら》い

綾織　今日は、「守護霊霊言《れいげん》」ということで、実際に経験をされたわけなので……。

花田紀凱守護霊　あ、そうか。そうだそうだ。

綾織　最後に、地上のご本人が、なかなか守護霊霊言を理解できないことに対して、守護霊様から……。

花田紀凱守護霊　いや、「理解できない」と言うことで、ジャーナリストとしての立場を守りたいのよ。

綾織　はい。

花田紀凱守護霊　だから、ガーッと〝津波《つなみ》〟が来る前に、バーッと〝防潮堤《ぼうちょうてい》〟を閉《し》められるようにしとかないと駄目《だめ》なのよ。

綾織　まあ、せっかくの機会ですので……。

花田紀凱守護霊　君はいいのよ、飛び越《こ》えたから。

綾織　はい（笑）。

花田紀凱守護霊　君は、もうねえ、〝谷〟を越えて「信仰《しんこう》の世界」へ飛んだからね。もし、君がモグリのスパイだったとしても、もはや、帰れない。退路を断《た》たれた状態だからさ。

綾織　いえ（苦笑）、スパイではありませんが、まあ、それは置いておきまして……。やはり、せっかくの機会ですので、ご本人に対して、こういう守護霊の話でもいいですし、それ以外の霊的な話でもいいのですが、一言、アドバイスなり、何なり、言っていただければと思います。

花田紀凱守護霊　やっぱり、あれだろうねえ。取材っていうのは、「聞き役」ということだよね。基本的に「受け手」であり、聞くほうであって、まあ、実際は、聞かれるほうが本当は偉《えら》いんだよ、この世的に見てもね。

だから、「人に取材される人」と、「取材をする側」とでは、やっぱり、まあ、「取材する側」も、ピューリッツァー賞をもらったりとか、賞をもらうようなこともあるし、スーパーマンで言やあ、スーパーマンに取材する彼女も偉いかもしらんけれども、やっぱりスーパーマンのほうが偉いわけですよ。基本的には、スーパーマンから特ダネをもらえる人も偉いけど、スーパーマンのほうがやっぱり偉いわけです。

そういうところがあるので、ジャーナリストは、そういう意味で、人の意見を聞かなきゃ基本的には成り立たない。学者さんの意見とか、どっかの社長の意見とか、官《かん》僚《りょう》の意見とかを取材して、いちおう人様の意見を聞いて書いてるというところがある。

だから、独自に作家として、司馬遼太郎《しばりょうたろう》風に独立できるところまで行く人も、たまにはいるけども、たいていは作家までは行けないレベルのところで、組織として飯《めし》を食っている。共同経営して、みんな、〝農協〟風に生きてるわけよ。

このへんのところに、ちょっとだけ屈折《くっせつ》感はあるわけ。「自分の力で道を拓《ひら》いて、食えるようになるところまでは行っていない」っていう、組織で共同生活をしている部分の屈折感がある。

だから、一人で事業をガーッと大きくした人とか、一人で作品を書いて世界的に知られる人とか、こういう超人《ちょうじん》的な活躍《かつやく》をした人に対しては、何て言うか、一定の、うらやましいという気持ち、憧憬《どうけい》と共に、やっぱり、嫉妬《しっと》はある。

近づきすぎると火傷《やけど》するような感じもあるし、「隙《すき》を見たら、足払《あしばら》いをかけてみたい」

というような、この俗世《ぞくせ》の人間的な、そういう庶民《しょみん》のささやかな楽しみみたいなものに、ちょっと協力してみたい気持ちもあって、〝成仏《じょうぶつ》〟し切れていないのがジャーナリストだと思うんだよなあ。

それは、よく分かってんだよ。偉い人を取材して、たまに〝弾《たま》〟が当たって撃《う》ち落としたりしているわけだ。縁日《えんにち》の射的《しゃてき》みたいに、弾が当たって、たまに落ちる人が出るでしょう? まあ、それが、気持ちのいいときはあるけども、でも、実際は、なんか不幸になるということなんでねえ。本当は後味《あとあじ》が悪いんだよ。「金星《きんぼし》を挙げた」と言っても、後味は悪いっていうかさあ、そんな感じかな。

これは、相撲《すもう》でもそうなんじゃないか。「横綱《よこづな》を倒《たお》して金星」っていうのは、大殊《しゅ》勲《くん》なんだけど、次に顔を合わすときは怖《こわ》いよねえ。練習場で顔を合わしたりするのは、ちょっと怖いよ。会いたくない感じは、やっぱり、あるわなあ。

嫉妬《しっと》されるほどの「超《ちょう》一流」になれば、悟《さと》りが高まる

花田紀凱守護霊　だから、本人に言いたいこととしては、「一回でいいから、本当の

一流、あるいは超《ちょう》一流まで行ってみて、嫉妬《しっと》される側に、もっともっとなってみろ」ということだ。そういう体験を積めば、何か少しだけ、悟《さと》りが高まる可能性はあるかなあと思う。

綾織　「Ｗ《ウ》・ｉ《イ》ＬＬ《ル》」の仕事は、そういうレベルまで来ていると思います。

花田紀凱守護霊　いや、嫉妬されるほどは売れてないよ、やっぱり。嫉妬されるほどは売れてない（笑）。

饗庭　これからですよ、これから。

花田紀凱守護霊　うん。

だから、君らはさあ、ほんと能天気《のうてんき》だと思うよ。こういうねえ、「大川隆法著作シリーズ１３００冊の歩き方」（「ザ・リバティ」二〇一三年十月号）の記事を見てねえ、嫉妬しないマスコミ人がいると思うんだったら、君ら、善人の塊《かたまり》だわ。これを見たら、百人が九十九人、「何とかして撃ち落としてやろう」と、みんな思うよ。

綾織　（苦笑）

花田紀凱守護霊　ほんと、そうだよ。平気でこれを載《の》せるだろう？　だから、この〝神経の切れ方〟は素晴《すば》らしいよ。もう、一流だよ。

斎藤　（苦笑）ありがとうございます。

花田紀凱守護霊　確かに一流まで行ってる。この〝切れ方〟はすごい。ああ、すごい。なかなか、ここまでは行けないもんだよ。

普通《ふつう》は、必ず、「悪口」と「ほめる」のを半々ぐらい書かないといられないもんですが、これは〝飛んでる〟ね。カーッと、すっ飛んでるわ。すごい！　これはすごい！　ある意味では、君らもすごいわ。すごいと思う。

だから、俺《おれ》が、本人に言いたいのは、「ジャーナリストでも、みんなが嫉妬して、引きずり降ろしたくなるほどの、超一流になってみろ」ということだ。

まあ、日本のイチローが、アメリカで活躍して、トップを狙《ねら》ってるけども、「日本のジャーナリストでも、『欧米《おうべい》のジャーナリストに負けないぐらいの、すごい人がいる』って嫉妬されるぐらい、行けるところまで行ってみろ」と。「せっかく東京外大《がいだい》を出たんだから、海外にも通用するぐらいの世界的なジャーナリストまで行って、嫉妬されてみろ」と、まあ、そう言いたいが、あきらめてると思う。うーん（会場笑）。もう、あきらめてると思うんだなあ。

幸福の科学の〝トリック〟を暴《あば》いたら大ジャーナリスト？

綾織　まだまだ活躍されると思いますので。

斎藤　当会には、「百歳《さい》まで生きる会」（満五十五歳以上の信者を対象とした集《つど》い）もございますので、ぜひ、お越しくださいませ（会場笑）。

花田紀凱守護霊　いやあ、今は、本当に悪いことを考えてるかもしれないよ。（綾織に）あなたが開《あ》けた〝産経の穴〟から、マムシみたいに忍《しの》び込《こ》んで……。

綾織　いや、そんな穴はありません。

花田紀凱守護霊　仲間のふりをして、幸福の科学のなかへ、ズズズズッと入ってきて、「実は、全部トリックがあった」と……。

よくあるじゃないですか。サーカスなんかの、いろんなマジックには全部トリックがあるじゃないですか。それと同じように、もし、〝構造的トリック〟をパーッと暴《あば》いて、「全部が、実は嘘《うそ》だった」と、オウムが、ああなったように、もし、「全部がトリックだった」っていうところまで明かしたら、これはもう、天下に名が遺《のこ》る大ジャーナリストだよね。

饗庭　でも、守護霊様には全部見えていますから。

花田紀凱守護霊　あっ、そうそう。

饗庭　そういうものはないのは、分かっていますよね。

花田紀凱守護霊　それは、そのとおりです。

ないですけども、もし、そういうことがあったら、これはもう、日本の歴史に遺る大ジャーナリストです。オウムは、もうちょっと小さい段階で撃ち落とされてますでしょう？　ほかのところも、みんな、もっと小さいときにやられてますよ。ここまで、三十年間活躍してね、それで撃ち落とせないっていうのは、やっぱり、そうとうなもんです。

だから、本当に撃ち落とそうと思ったら、なかにいろんなかたちで入って、間者《かんじゃ》を送り込んで内部情報を抜《ぬ》く。なかで一生懸命《いっしょうけんめい》、信心《しんじん》させて、「幹部にまで上がれ」と、尻《しり》を叩《たた》いて上がらせて、いちばん上まで上がって、情報をツーツーに抜けるところまで行かせる。

そして、総裁の周りまで行って、書斎《しょさい》から書庫まで入って、あらゆるところで、何を見て、書いたり言ったりしているか、そこまで調べ上げて、全部〝トリック〟を暴けたら、これはジャーナリストとしては、もう天下一品だろうね。立花隆《たちばなたかし》も田原総一朗《たはらそういちろう》も、逆立《さかだ》ちして歩くわ。

綾織　まあ、やってもいいかもしれませんが、何十年かけても、無駄仕事になります。

花田紀凱守護霊　そうかな。

斎藤　むしろ、空海《くうかい》以上のことが起こっていることを、世に伝えていくなど、ジャーナリストとして、「真実の姿を世に紹介《しょうかい》する」という、最高の〝先見性〟を示すことで、先鞭《せんべん》をつけた者としての歴史を遺せばいいのではないでしょうか。

花田紀凱守護霊　いやいや。違《ちが》う、違う、違う。それを伝えるよりも、私が「過去の人」になるほうが早いんだって、力学的には！

今のマスコミ界の力学から言って、私が過去の人になって、「ああ、とうとう、一定の年を超《こ》えたら、ボケが始まったんだなあ。いい病院を知ってますよ」とか言って、紹介が来るんですよ。「脳軟化症《のうなんかしょう》が始まってるんでしょう？　専門の病院があるから、早めに手を打てば、何とか立ち直れますよ」と、そういうのが来るんだなあ。

綾織　いや。まだまだご活躍いただきたいと思います。

幸福実現党が負け続けていることが〝救い〟？

綾織　まあ、今日は、本当に、「守護霊とは何か」の一端《いったん》が分かりました。

花田紀凱守護霊　いい「講義」になったでしょう?

綾織　ええ。はい。

花田紀凱守護霊　なったでしょう?

綾織　はい。ありがとうございます。

花田紀凱守護霊　「講義」になったよね?　ああ、じゃあ、恥《はじ》をかくところまで行かないで済んだかな?

斎藤　ええ。大丈夫《だいじょうぶ》です。

花田紀凱守護霊　だから、まあ、本人に対しては、「超一流になりなさい」ということだけど、本人は、たぶん、あきらめてるから、なれない。「Ｗ・ｉＬＬ」は持ってるけども、たぶん、そこまでは行けない。

まあ、そうだねえ、君らの〝救い〟としては、「政党（幸福実現党）が何回負け続けるか」みたいな、このへんは、ちょっと、みんなの楽しみにはなってる。

（「大川隆法著作シリーズ１３００冊の歩き方」と書かれた「ザ・リバティ」の表紙を示して）今、マスコミ界は、これに対しては、もう嫉妬せざるをえないけど、政党が負け続けてるから、「全敗記録が、何連敗まで行くだろうか」っていうのを、みんな、そろそろ賭《か》けを始めてるころだねえ。「当たったら、賭け金が十倍になって返ってくるような賭けをやろうか」みたいなのが、そろそろ冗談《じょうだん》として始まるころですね。「どこでやめるか」っていう賭けを、今やってる……。

綾織　その賭けが成り立たないように、私たちはもう、前へ前へと進むだけです。

花田紀凱守護霊　うーん。

饗庭　頑張《がんば》りますので、よろしくお願いします。

花田紀凱守護霊　（饗庭に）君、寝返《ねがえ》らない？　なかで情報を取るだけ取って、寝返ってこない？

饗庭　いえいえ。それはもう……。

花田紀凱守護霊　え？　裏切り者ってねえ、ときどきは「得」をすることもあるんだよ。

饗庭　いやいやいや。それはできません。

花田紀凱守護霊　いやあ、なかでけっこう孤立《こりつ》してるだろう？　孤独だろう？

綾織　いや。それよりも、ご自身のほうが気をつけたほうがいいかもしれません。

花田紀凱守護霊　（饗庭に）君ねえ、それだけ宗教心がなかったら……。

斎藤　（笑）ご自身のことを気をつけられたほうが！

花田紀凱守護霊　それだけ宗教心がなかったら、君ぃ、それは孤独だよ。やっぱり、雑誌の世界に来なさいよ。

饗庭　いえいえ（笑）。

花田紀凱守護霊　そうしたらねえ、花形記者で使ってあげるからさあ。ええ？

饗庭　その節《せつ》は、よろしくお願いします。

斎藤　（笑）（会場笑）

花田紀凱守護霊　ええ。

綾織　はい。ありがとうございました。

斎藤　ありがとうございました。

花田紀凱守護霊　ああ、そうですか。どうも。

大川隆法　（手を一回叩く）はい。（手をもう一回叩く）ありがとうございました。

9　花田編集長守護霊の霊言《れいげん》を終えて

大川隆法　まあ、昨日、思っていたよりは、しゃべってくださったのでよかったです。もっともっと〝逃《に》げ腰《ごし》〟だったですからね。

綾織　ああ、そうですか。

大川隆法　もう、「見られたくない」というか、「つかまって正体を見られるのは嫌《いや》だ」という感じが、すごくしていました。それに比べれば、今日は頑張《がんば》られましたね。頑張られたと思います。

まあ、本人としては、自分のものが出るのはショックだろうと思いますし、それを読んだら、当人は、だいたいショックを受けるものです。

綾織　最初はすごくショックなのだと思います。

大川隆法　自分のものに対しては、マイナスのところばかりが目につくのでショックを受けるのですが、次には、ほかの人が、「これは割と当たっている」とか、いろいろ言い出します。

綾織　ええ、そうですね。

大川隆法　これが二番目のショックとして来るのです（会場笑）。つまり、本人としては、「自分は、こんな感じなのかなあ」というショックが最初に来て、次に、周りが、「よく似ている」などと言い出したら、二番目のショックが来ます。そして、三番目は、「それに黙《だま》って、我慢《がまん》しなくてはいけない」ということで、これが、屈辱《くつじょく》というか苦しみになることが多いわけです。

しかし、私が取り上げた人は、今まで、「公人認定《こうじん》」した人がほとんどであるので、善悪を問わず、いちおう「一定のレベルを超《こ》えた方である」ということでしょう。幸福の科学の「名誉殿堂入り《めいよでんどうい》」をなされたわけです。

饗庭　しかし、ほかの編集者の方と比べたら、扱《あつか》いが全然違《ちが》いますし、言っている内容もまるで違いますよね。

大川隆法　そうですね。ただ、「綾織さんに〝復讐《ふくしゅう》〟された」と思っているかもしれません。

綾織　いえいえ（笑）。

大川隆法　「忍者《にんじゃ》か何かかもしれない」などと思っているのではないでしょうか。ただ、客観的には、「認めてもらった」と捉《とら》える人が多く、悪く書かれているあたりの人が、「俺《おれ》のこと、もうちょっと扱いを変えてくれないかなあ」などと思っているわけです。

綾織　たぶん、本人の気持ちとしては、「ああ、そうだな」と思うところが、かなりあるのではないかと思います。

大川隆法　うーん。その〝谷〟を飛ぶのは、ほんの少しなんですよ。言わば、一メートルか二メートルの幅《はば》しかない谷なので、飛べなくはないのですが、やはり飛ぶのは怖《こわ》いのでしょう。

しかし、信仰《しんこう》とは、最後は飛ばなくてはいけないのです。ポンと飛ばなければいけません。飛んだら見えてくるものがあるのですが、飛べない者には、どうしても見えない部分が残るのです。

今は、「知りたい」気持ちと「知りたくない」気持ちとが拮抗《きっこう》していて、それが、実際、この人のつらいところなのではないでしょうか。

いずれにしても、戦後教育を考え直してみると、戦前には学ばれていた「神話」であるとか、そうした「霊的《れいてき》なもの」を全部切っていったところの影響《えいきょう》を受けてはいるのだろうと思うのです。

昔は、もう少し理解する人が多かったのですが、今は「迷信《めいしん》」の一言で片付けられ、科学や医学というものが、全部、合理的に説明していくので、みな慣らされてきているのです。また、マスコミも、なかなかその流れから逃《のが》れられないでいるわけでしょう。

そういう意味では、やはり「宗教マスコミ」のようなものが一定の流れをつくらないといけないのだと思います。

まあ、よそ様だけでなく、「ザ・リバティ」も、もっともっと売れるといいですね。

百万部も売れると、本当によいのですが、なかなか……。

綾織　頑張ります！

大川隆法　いや、普通《ふつう》は、「本を読む」ということは大変なことなのでしょう。やはり、「活字を読む」ということは難しいことのようです。（幸福の科学の本を）漫画《まんが》を読むようには読んでくれないのは、しかたがありません。まあ、難しいのだろうとは思うのですが……。うーん、しょうがないですね。

それから、本の数もたくさん出していますから、「読めない」とか、「追いつけない」とかいうこともあるのだとは思います。

綾織　しかし、個別のマーケットには確実に当たっていますので。

大川隆法　まあ、そうですよ。だから、私の本でも、どれか個別に読めるものを読めばいいですし、「ザ・リバティ」の記事にしても、読めるところを読むようにすれば、気楽にいけるのではないでしょうか。

とにかく、花田さんについては、いろいろとアドバイスを頂いたり、ご登場いただいたりして、たいへんありがたいことだと思います。

まあ、今生《こんじょう》にて〝成仏《じょうぶつ》〟してくださることをお祈《いの》り申し上げます（会場笑）。

一同　本日は、ありがとうございました。

大川隆法　はい（会場拍手《はくしゅ》）。

あとがき

私は基本的に自分が関心を持った人しか霊査しない。結果的には、相手の株が上がることも、下がることもある。しかし、私の出している本を読むと時代のトレンドが分かるという、新聞、TV、雑誌界の人たちが増えてきつつある。新聞のエッセイストを目指している記者が、私の本の「まえがき」や「あとがき」を筆写して文章の練習をしている、なんてウワサを聞くと、「アレマア」と思ってしまう。

時代の最先端を行っているようで、その実、私はきわめて古典的な人間である。生活スタイルもここ数十年変わらない。朝四時頃から思索《しさく》を始め、酒もタバコもやらず、子供たちと一緒に夕食を食べ、読書に疲れたら寝る。その繰り返しだ。人をほめ過ぎて失敗することもたまにあるが、基本的に嘘はつかない。

この本にも、フィクションはありませんよ、花田編集長。

二〇一三年　十月一日

幸福《こうふく》の科学《かがく》グループ創始者兼総裁《そうししゃけんそうさい》　大川隆法《おおかわりゅうほう》

『「ＷｉＬＬ」花田編集長守護霊による「守護霊とは何か」講義』

大川隆法著作関連書籍

『大川総裁の読書力』（幸福の科学出版刊）
『ナベツネ先生 天界からの大放言』（同右）
『アサド大統領のスピリチュアル・メッセージ』（同右）
『釈量子の守護霊霊言』（幸福実現党刊）

「WiLL《ウイル》」花田《はなだ》編集長《へんしゅうちょう》守護霊《しゅごれい》による
「守護霊《しゅごれい》とは何《なに》か」講義《こうぎ》

2013年10月10日　初版第1刷

著　者　大《おお》川《かわ》隆《りゅう》法《ほう》

発行所　幸福の科学出版株式会社

〒107-0052 東京都港区赤坂2丁目10番14号
TEL(03)5573-7700
http://www.irhpress.co.jp/

印刷・製本　株式会社 東京研文社

落丁・乱丁本はおとりかえいたします

ISBN978-4-86395-400-7 C0030

大川隆法 霊言シリーズ・マスコミの本音を直撃

池上彰の政界万華鏡

幸福実現党の生き筋とは

どうする日本政治？ 憲法改正、原発稼働、アベノミクス、消費税増税……。人気ジャーナリストの守護霊が、わかりやすく解説する。

1,400円

ニュースキャスター 膳場貴子のスピリチュアル政治対話

守護霊インタビュー

この国の未来を拓くために、何が必要なのか？ 才色兼備の人気キャスター守護霊と幸福実現党メンバーが、本音で語りあう。

【幸福実現党刊】

1,400円

筑紫哲也の大回心

天国からの緊急メッセージ

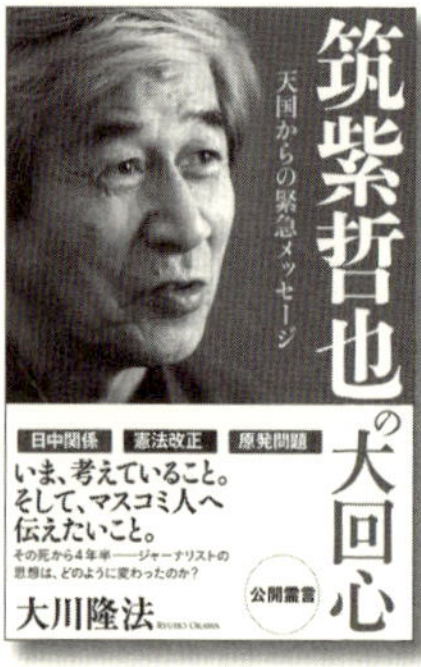

筑紫哲也氏は、死後、あの世で大回心を遂げていた!? TBSで活躍した人気キャスターが、いま、マスコミ人の良心にかけて訴える。

【幸福実現党刊】

1,400円

※表示価格は本体価格（税別）です。

大川隆法 ベストセラーズ・世界で活躍する宗教家の本音

大川総裁の読書力

知的自己実現メソッド

区立図書館レベルの蔵書、時速2000ページを超える読書スピード──。1300冊を超える著作を生み出した驚異の知的生活とは。

- **知的自己実現のために**
- **初公開! 私の蔵書論**
- **実践・知的読書術**
- **私の知的生産法** ほか

1,400円

素顔の大川隆法

素朴な疑問からドキッとするテーマまで、女性編集長3人の質問に気さくに答えた、101分公開ロングインタビュー。大注目の宗教家が、その本音を明かす。

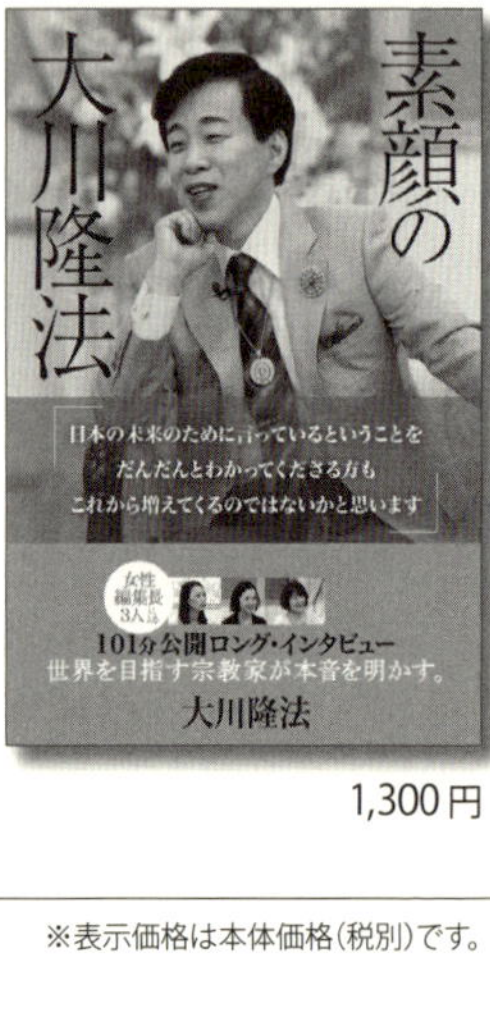

- **初公開! 霊言の気になる疑問に答える**
- **聴いた人を虜にする説法の秘密**
- **すごい仕事量でも暇に見える「超絶仕事術」**
- **美的センスの磨き方** ほか

1,300円

※表示価格は本体価格(税別)です。

大川隆法 ベストセラーズ・世界で活躍する宗教家の本音

大川隆法の守護霊霊言

ユートピア実現への挑戦

あの世の存在証明による霊性革命、正論と神仏の正義による政治革命。幸福の科学グループ創始者兼総裁の本心が、ついに明かされる。

- 「日本国憲法」の問題点
- 「幸福実現党」の立党趣旨
- 「宗教革命」と「政治革命」
- 大川隆法の「人生計画」の真相 ほか

1,400円

政治革命家・大川隆法

幸福実現党の父

未来が見える。嘘をつかない。タブーに挑戦する──。政治の問題を鋭く指摘し、具体的な打開策を唱える幸福実現党の魅力が分かる万人必読の書。

- 「幸福実現党」立党の趣旨
- 「リーダーシップを取れる国」日本へ
- 国力を倍増させる「国家経営」の考え方
- 「自由」こそが「幸福な社会」を実現する ほか

1,400円

大川隆法 霊言シリーズ・最新刊

天才打者イチロー 4000本ヒットの秘密

プロフェッショナルの守護霊は語る

イチローの守護霊が明かした一流になるための秘訣とは? 内に秘めたミステリアスなイチローの本心が、ついに明らかに。過去世は戦国時代の剣豪。

1,400円

マザー・テレサの宗教観を伝える

神と信仰、この世と来世、そしてミッション

神の声を聞き、貧しい人びとを救うために、その生涯を捧げた高名な修道女マザー・テレサ——。いま、ふたたび「愛の言葉」を語りはじめる。

英語霊言
日本語訳付き

1,400円

小説家・景山民夫が見たアナザーワールド

唯物論は絶対に捨てなさい

やっぱり、あの世はありました! 直木賞作家が語る「霊界見聞録」。本人が、衝撃の死の真相を明かし、あの世の様子や暮らしぶりを面白リポート。

1,400円

幸福の科学出版

大川隆法ベストセラーズ・理想の教育を目指して

教育の法

信仰と実学の間で

深刻ないじめ問題の実態と解決法や、尊敬される教師の条件、親が信頼できる学校のあり方など、教育を再生させる方法が示される。

1,800円

教育の使命

世界をリードする人材の輩出を

わかりやすい切り口で、幸福の科学の教育思想が語られた一書。イジメ問題や、教育荒廃に対する最終的な答えが、ここにある。

1,800円

幸福の科学学園の未来型教育

「徳ある英才」の輩出を目指して

幸福の科学学園の大きな志と、素晴らしい実績について、創立者が校長たちと語りあった——。未来型教育の理想がここにある。

1,400円

※表示価格は本体価格(税別)です。

大川隆法ベストセラーズ・希望の未来を切り拓く

未来の法

新たなる地球世紀へ

暗い世相に負けるな! 悲観的な自己像に縛られるな! 心に眠る無限のパワーに目覚めよ! 人類の未来を拓く鍵は、一人ひとりの心のなかにある。

2,000円

新しき大学の理念

「幸福の科学大学」がめざす ニュー・フロンティア

2015年、開学予定の「幸福の科学大学」。日本の大学教育に新風を吹き込む「新時代の教育理念」とは? 創立者・大川隆法が、そのビジョンを語る。

1,400円

ミラクル受験への道

「志望校合格」必勝バイブル

受験は単なるテクニック修得ではない!「受験の意味」から「科目別勉強法」まで、人生の勝利の方程式を指南する、目からウロコの受験バイブル。

1,400円

幸福の科学グループのご案内

宗教、教育、政治、出版などの活動を通じて、地球的ユートピアの実現を目指しています。

宗教法人　幸福の科学

一九八六年に立宗。一九九一年に宗教法人格を取得。信仰の対象は、地球系霊団の最高大霊、主エル・カンターレ。世界百カ国以上の国々に信者を持ち、全人類救済という尊い使命のもと、信者は、「愛」と「悟り」と「ユートピア建設」の教えの実践、伝道に励んでいます。

（二〇一三年十月現在）

愛

幸福の科学の「愛」とは、与える愛です。これは、仏教の慈悲《じひ》や布施《ふせ》の精神と同じことです。信者は、仏法真理をお伝えすることを通して、多くの方に幸福な人生を送っていただくための活動に励んでいます。

悟り

「悟り」とは、自らが仏の子であることを知るということです。教学《きょうがく》や精神統一によって心を磨き、智慧《ちえ》を得て悩みを解決すると共に、天使・菩薩《ぼさつ》の境地を目指し、より多くの人を救える力を身につけていきます。

ユートピア建設

私たち人間は、地上に理想世界を建設するという尊い使命を持って生まれてきています。社会の悪を押しとどめ、善を推し進めるために、信者はさまざまな活動に積極的に参加しています。

国内外の世界で貧困や災害、心の病で苦しんでいる人々に対しては、現地メンバーや支援団体と連携して、物心両面にわたり、あらゆる手段で手を差し伸べています。

年間約３万人の自殺者を減らすため、全国各地で街頭キャンペーンを展開しています。

公式サイト **www.withyou-hs.net**

ヘレン・ケラーを理想として活動する、ハンディキャップを持つ方とボランティアの会です。視聴覚障害者、肢体不自由な方々に仏法真理を学んでいただくための、さまざまなサポートをしています。

公式サイト **www.helen-hs.net**

INFORMATION

お近くの精舎・支部・拠点など、お問い合わせは、こちらまで！

幸福の科学サービスセンター

TEL. 03-5793-1727（受付時間 火～金：10～20時／土・日：10～18時）

宗教法人 幸福の科学 公式サイト **happy-science.jp**

教育

学校法人 幸福の科学学園

学校法人 幸福の科学学園は、幸福の科学の教育理念のもとにつくられた教育機関です。人間にとって最も大切な宗教教育の導入を通じて精神性を高めながら、ユートピア建設に貢献する人材輩出を目指しています。

幸福の科学学園

中学校・高等学校（那須本校）
2010年4月開校・栃木県那須郡（男女共学・全寮制）
TEL **0287-75-7777**
公式サイト **happy-science.ac.jp**

関西中学校・高等学校（関西校）
2013年4月開校・滋賀県大津市（男女共学・寮及び通学）
TEL **077-573-7774**
公式サイト **kansai.happy-science.ac.jp**

幸福の科学大学（仮称・設置認可申請予定）
2015年開学予定
TEL **03-6277-7248**（幸福の科学 大学準備室）
公式サイト **university.happy-science.jp**

仏法真理塾「サクセスNo.1」

小・中・高校生が、信仰教育を基礎にしながら、「勉強も『心の修行』」と考えて学んでいます。
TEL **03-5750-0747**（東京本校）

不登校児支援スクール「ネバー・マインド」

心の面からのアプローチを重視して、不登校の子供たちを支援しています。
また、障害児支援の**「ユー・アー・エンゼル！」**運動も行っています。
TEL **03-5750-1741**

エンゼルプランV

幼少時からの心の教育を大切にして、信仰をベースにした幼児教育を行っています。
TEL **03-5750-0757**

学校からのいじめ追放を目指し、さまざまな社会提言をしています。また、各地でのシンポジウムや学校への啓発ポスター掲示等に取り組むNPO「いじめから子供を守ろう！ネットワーク」を支援しています。

公式サイト **mamoro.org**
相談窓口 **TEL.03-5719-2170**
ブログ **mamoro.blog86.fc2.com**

政治

幸福実現党

内憂外患《ないゆうがいかん》の国難に立ち向かうべく、二〇〇九年五月に幸福実現党を立党しました。創立者である大川隆法党総裁の精神的指導のもと、宗教だけでは解決できない問題に取り組み、幸福を具体化するための力になっています。

党員の機関紙
「幸福実現NEWS」

TEL 03-6441-0754
公式サイト hr-party.jp

出版メディア事業

幸福の科学出版

大川隆法総裁の仏法真理の書を中心に、ビジネス、自己啓発、小説など、さまざまなジャンルの書籍・雑誌を出版しています。他にも、映画事業、文学・学術発展のための振興事業、テレビ・ラジオ番組の提供など、幸福の科学文化を広げる事業を行っています。

TEL 03-5573-7700
公式サイト irhpress.co.jp

入会のご案内

あなたも、幸福の科学に集い、ほんとうの幸福を見つけてみませんか？

幸福の科学では、大川隆法総裁が説く仏法真理をもとに、
「どうすれば幸福になれるのか、また、
他の人を幸福にできるのか」を学び、実践しています。

入会

大川隆法総裁の教えを信じ、学ぼうとする方なら、どなたでも入会できます。入会された方には、『入会版「正心法語」』が授与されます。（入会の奉納は1,000円目安です）

ネットでも**入会**
できます。詳しくは、
下記URLへ。
happy-science.jp/joinus

三帰《さんき》誓願《せいがん》

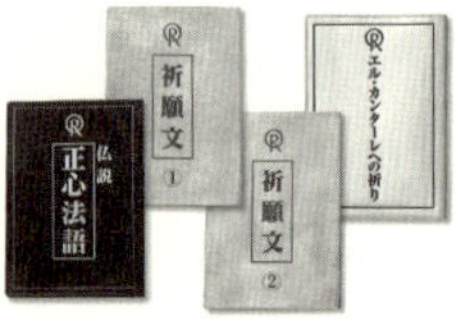

仏弟子としてさらに信仰を深めたい方は、仏・法・僧の三宝への帰依を誓う「三帰誓願式」を受けることができます。三帰誓願者には、『仏説・正心法語』『祈願文①』『祈願文②』『エル・カンターレへの祈り』が授与されます。

植福《しょくふく》の会

植福は、ユートピア建設のために、自分の富を差し出す尊い布施の行為です。布施の機会として、毎月1口1,000円からお申込みいただける、「植福の会」がございます。

「植福の会」に参加された方のうちご希望の方には、幸福の科学の小冊子（毎月1回）をお送りいたします。詳しくは、下記の電話番号までお問い合わせください。

月刊
「幸福の科学」

ザ・伝道

ヤング・ブッダ

ヘルメス・
エンゼルズ

INFORMATION
幸福の科学サービスセンター
TEL. **03-5793-1727**（受付時間 火〜金：10〜20時／土・日：10〜18時）
宗教法人 幸福の科学 公式サイト **happy-science.jp**